선 교 지 에
어떤 교회를
세울 것인가?

선교지에
어떤 교회를
세울 것인가?

엮은이 | 김한성
펴낸이 | 원성삼
표지디자인 | 한영애
펴낸곳 | 예영커뮤니케이션
초판 1쇄 발행 | 2020년 7월 3일
등록일 | 1992년 3월 1일 제2-1349호
주소 | 04018 서울시 마포구 동교로 55 2층(망원동, 남양빌딩)
전화 | (02)766-8931
팩스 | (02)766-8934
이메일 | jeyoung@chol.com
ISBN 979-11-89887-26-1 (93230)

값 11,000원

이 도서의 국립중앙도서관 출판예정도서목록(CIP)은 서지정보유통지원시스템 홈페이지
(http://seoji.nl.go.kr)와 국가자료공동목록시스템(http://www.nl.go.kr/kolisnet)
에서 이용하실 수 있습니다.(CIP제어번호: CIP2020025046)

 모든 인간은 하나님의 형상을 닮은 존귀한 존재입니다. 사람은 인종, 민족, 피부색, 문화, 언어에 관계없이 모두 다 존귀합니다. 예영커뮤니케이션은 이러한 정신에 근거해 모든 인간이 존귀한 삶을 사는 데 필요한 지식과 문화를 예수 그리스도의 사랑으로 보급함으로써 우리가 속한 사회에 기여하고자 합니다.

선교지에
어떤 교회를
세울 것인가?

김한성 지음

예영

교회는 건물이 아니라 신자의 공동체, 즉 사람이라는 사실을 놓치고, 예배당이라는 교회용 건물 건축 지원을 타문화권 교회 개척으로 오해하며 자기만족에 치중하는 한국 교회에 경종을 울리는 책이다. 가렵지 않은 곳을 긁어 주는 일방적 시혜 선교의 관행을 벗어날 수 있는 구체적인 방법을 제시한 책이다. 연구의 깊이와 넓이 둘 다 손색없는 이 훌륭한 책이 깊이 그리고 널리 읽혀 선교지에 꼭 필요한 교회를 세워 가는 일에 종사하는 귀한 분들의 향도(嚮導)가 되길 기대한다.

권오훈 교수 목원대학교 신학대학원장, 전 한국선교신학회 회장

이 책은 한국 교회 선교의 공공연한 비밀이자 핵심적 과제를 누구라도 알기 쉽게 정리했다. 선교지 교회 개척은 한국 선교사들이 가장 많이 하는 사역이고 가장 많은 선교 재정이 투자되는 사역이

다. 이렇게 수많은 교회가 선교지에 개척되었지만 숲속에 텅 비어 버리거나 아무도 돌보지 않는 예배당이 너무나 많다. 이 문제에 대해 김한성 교수는 문화인류학적 접근으로 정답을 밝히고 있다. 선교지 문화 이해를 기초한 교회 개척이 절대적 명제이지만, 한국 선교사들은 자신의 신앙 고백을 중심으로 한국식 현지 교회를 세운다. 그 결과, 한국 교회의 선교지 교회 건축은 한국 교회와 기독교에 수많은 과제를 던져 주고 잇다.

이 책은 선교지 교회 개척 문제를 한 번에 정리해 주고 있다. 김한성 교수는 현지 문화와 접목된 예배당 건축, 현지 사회의 필요성에 동참하는 사역, 현지인들이 필요할 때 짓는 교회 건축의 원리와 방법들로 선교지 교회를 세울 것을 제안한다. 선교사를 파송하는 교회, 목회자, 성도들이 선교지에 예배당 건축을 결정하기 전에 그리고 후에라도 반드시 읽어야 할 필독서다.

더 이상 선교지 예배당 건축 지원이 21세기 한국 교회의 타문화권 선교의 과제로 남지 않기를 기대하며, 미래 교회 개척의 좌표를 설정하는 중요한 교본과도 같은 책인 『선교지에 어떤 교회를 세울 것인가?』를 강력 추천한다.

박영환 교수 서울신학대학교, 전 한국선교신학회 회장

금번 김한성 교수님께서 "선교지에 어떤 교회를 세울 것인가?"의 주제로 출판하게 된 것을 진심으로 환영하면서 기꺼이 추천사

를 씁니다. 김 교수님은 한국 교회 신학과 신자들을 영어로 세계에 알리는 일에 많은 노력을 해 왔습니다. 김 교수님은 선교학 교수로서 한국 교회 선교의 올바른 방향을 제시하는 저서와 글을 많이 썼습니다. 김 교수님은 이번에 선교지에 돈 주고 교회당 세우는 선교의 문제점을 신랄하게 지적하였습니다. 한국 선교의 선지자적 역할을 하고 있습니다.

선교지에 있으면서 가장 안타까운 것은 문이 닫힌 교회당 건물을 보는 것입니다. 한국 교회의 귀중한 헌금으로 세워진 교회들 중에 일부가 문을 닫고 말았습니다. 폐허가 된 교회당 모습은 하나님의 영광을 가릴 뿐 아니라 기독교의 수치입니다. 2년 전 캄보디아의 한 선교연구소는 2017년도에 캄보디아에 650개 교회가 개척되었지만 600개 교회가 문을 닫았다는 통계를 공식적으로 발표하였습니다.

하나님 백성들의 공동체가 교회이지 건물이 결코 교회가 아닙니다. 초대 교회는 건물 없이 가정에서 예배를 드렸습니다. 120년 전 한국은 최빈국이었습니다. 그럼에도 불구하고 한국 교회는 자립을 실천하였습니다. 교회의 자립이 한국 경제의 자립에 크게 기여하였다고 자부합니다. 한국 교회도 아시아에서는 자립과 급성장으로 모델이 되고 있습니다. 돈 선교는 성경의 원리에서 벗어난 것이며, 아울러 한국 교회의 위대한 전통을 저버리는 것입니다.

지금 선교지에 필요한 것은 영적 부흥과 헌신하는 지도자를 세우는 일과 선교지 교회가 선교하는 교회가 되도록 돕는 것이 선교의 우선 과제입니다. 헌신적인 목회자와 교회를 유지할 수 있는 헌신적인 평신도가 없는데 교회당 건물을 지어 주면 그 건물은 결국 하나님 나라를 위하여 계속 운영되지 못하고 사유화되고 맙니다.

선교지의 한 사람으로 호소합니다. 교회당 몇 개를 세워 주는 선교 전략은 수정되어야 합니다. 이 책이 한국 선교의 귀중한 지침서가 되기를 진심으로 바랍니다.

전호진 박사

인도차이나 선교연구소 소장, 전 고신대학교 총장, KWMA 초대 사무총장

한국 선교사들이 지구촌 곳곳에서 교회 개척을 해 온지도 오래되었으니, 자신의 사역을 개선할 수 있는 방법들을 모색할 때도 되었다. 김한성 교수는 『선교지에 어떤 교회를 세울 것인가?』에서 교회 개척 사역에서 교회 건물의 역할에 초점을 맞추어서 바로 이 주제를 다루고 있다. 한국 선교사뿐 아니라 타문화권 교회 개척과 배가 운동에 참여하고 있는 사람이라면 누구나 이 책을 반드시 읽어야 한다고 생각한다.

톰 스테픈 박사 바이올라대학교 선교대학원 명예교수

차 례

옛날 어느 마을에 훈장 선생님이 계셨다. 이분에게 한 가지 흠이 있었다. 이분은 혀가 짧아서 말할 때 발음이 샜다. 이 훈장이 어린 학생들 앞에서 "風"을 가리키며, 속으로 "바람 풍"이라고 읽었지만, 발음이 새어서 "바담 풍"이라고 소리 내어 읽었다. 학생들은 자신이 들은 대로 "바담 풍" 하며 큰 소리로 따라 읽었다. 훈장은 학생들이 잘못 발음했다며 고쳐 주었다. 하지만, 훈장은 여전히 "바담 풍"이라고 말했고 학생들은 그것을 따라 말했다. 결국 화가 단단히 난 훈장은 이렇게 말했다고 한다.

"이 녀석들아, 똑바로 해야 할 것 아니야? 어떻게 이 글자를 '바담 풍'이라고 해? 이 글자는 '바담 풍'이야, '바담 풍'이 아니고 '바담 풍'이라고!"

그냥 웃어넘길 일만은 아니다. 혹시 우리가 이런 잘못을 저지르고 있지는 않은가? 우리 선교 공동체도 "바람 풍"이라 종이 위에 적지만, "바담 풍"이라고 읽는 일은 없는가? 혹시 한국 교회와 선교사들이 "교회 개척"이라고 말하고, "예배당 건축 지원"을 하고 있지는 않은가?

복음주의는 한국 교회의 타문화권 선교의 주요 특징들 가운데 하나이다. 일반적으로 한국 선교사들은 타문화권의 사람들에게 예수 그리스도를 믿는 믿음으로 죄로부터 구원을 받고 하나님과 화목할 수 있다고 가르치거나 그렇게 해야 한다고 생각한다. 이들에게 선교지 사람들의 영혼이 변화되어 하나님을 알게 되는 것이 무엇보다도 중요하다.

한국 선교사들은 예수님을 구주로 믿고 고백하는 회심의 순간이 선교지의 각 사람에게 있어야 한다고 생각한다. 이들은 이 세상에서 가장 가치 있고 의미 있는 일은 예수님을 알고 예수님을 믿는 것이고, 이것을 돕는 것이 자신의 일이라고 생각한다. 이들은 흔히 속사람이 변화되지 않고는 생활의 변화와 문화의 변화는 가능하지 않다고 믿는다.

한국 교회의 타문화권 선교의 또 다른 특징은 교회 중심적인 것이다. 한국 선교사들은 흔히 자기 사역을 교회 개척과 연관 지어 생각한다. 이들은 선교지에서 교육, 의료, 사회 복지 등 교회 개척과 상관없어 보이는 사역을 하더라도, 이 사역들을 교회 개척의 전 단계 혹은 교회 개척과 병행되는 것으로 말한다. 즉, 학교를 운영하는 것도 교회 개척을 염두에 둔 것이다. 고아원을 운영하면서 교회를 동시에 운영하는 경우도 많다.

2020년 1월, 한국세계선교협의회는 28,039명의 한국 선교사가 지구촌에서 사역하고 있다고 발표했다. 한국 선교사 중에서 교회 개척 사역을 하는 이가 60퍼센트가 넘는다. 다시 말해, 약 17,000명 한국 선교사가 교회 개척 사역을 한다. 2013년의 통계에 따르면, 전체 한국 선교사 중에서 안수 받은 목회자의 비율은 70.4퍼센트였다.[1] 신학 교육을 받고 목회 경험을 가진 선교사가 많은 점도 교회 중심적인 선교 사역을 하는 요인 중 하나라고 할 수 있다. 한국 교회의 타문화권 선교를 목회자가 주도하다 보니, 선교지에서도 교회 개척이 강조되는 것은 당연하다. 한마디로, 한국 선교사에게 선교지에서 교회 개척은 매우 중요하고 일반적인 사역이다.

한국 교회는 선교지의 교회 개척을 매우 중요하게 생각한다. 우리의 교회 문화 안에서는 신앙생활을 교회와 구별 지어 생각할 수 없다. 한국 기독교 상황에서 흔히 전도와 제자 훈련은 교회와 연관되어 있다. 흔히 전도할 때에 예수님이 누구인지를 알리기보다는 교회에 나오라고 한다. 제자 훈련은 교회 일꾼 양성으로 바꾸어도 크게 틀린 말이 아니다.

짧은 교회 역사 속에서 폭발적인 성장을 경험한 한국 교회에게 교회 개척은 매우 익숙한 사역이다. 요즘 은퇴하는 많은 목회자가 많은 교회를 개척했고 성장시켰다. 과거에 비해 줄어들기는 했으나, 요즘도 많은 젊은 목회자가 다양한 이유로 교회를 개척하고 있다. 또한, 교단이나 노회 중심이 아닌 목회자 중심으로 교회 개척이 이루어진 것은 한국 교회의 교회 개척의 특징이다.

우리나라에서 "교회" 그리고 "교회 개척"은 학술적으로도 꽤 연구가 이루어졌고 신학교나 관련 기관에서 교육되고 있다. 학술연구정보서비스(RISS) 홈페이지에서 "교회론"을 검색어로 사용하여 관련 연구들을 찾으면, 1,353권의 단행본 저서와 833편의 연구 논문과 1,519편의 학위 논문을 찾을 수 있다.2) 목회학 석사 과정에서 교회론을 배우고, 선교학 학위 과정에서 교회 개척을 연구한다. 19세기 말에 한국에 소개된 네비우스적인 선교 방법과 교회 개척 개념은 한국 교회와 선교사들 사이에 널리 알려져 있다.

한편, 국내에서 실제로 교회 개척을 할 때에는 장소와 시설과 같은 물리적 준비에 대한 강조가 크다. 어디에서 교회를 개척하는지? 예배당은 몇 평인지? 예배당의 인테리어 비용은 얼마인지? 장소와 시설에 필요한 비용은 어디에서 마련했는지? 개척 멤버가 몇 명인지? 예배당이 소유 혹은 전세 혹은 월세인지? 현장에서 교회 개척에 대한 대화는 예배당 관련 내용이 주를 이룬다고 해도 틀린 말이 아니다. 신학적 측면과 목회적 준비는 큰 관심을 받지 못한다.

타문화권에서의 교회 개척도 이것과 많이 다르지 않다. 지구촌 전역에서 그런 것은 아니겠지만, 교회 개척이 예배당 건축으로 축소 혹은 왜곡된 경우가 많다. 아시아, 아프리카, 남미에서 한국 선교사가 한국 교회의 재정 지원을 받아 예배당 건축을 하는 경우가 많이 발견된다. 물론, 지역에 따라 더 많기도 하고 훨씬 적기도 하기 때문에 주의할 필요는 있다.

타문화권 교회 개척이라고 말하고 선교지 예배당 건축 지원 수준에서 머무른다. 혹시 한국 교회와 선교계는 자신도 모르는 사이에 교회 개척을 예배당 건축과 동일시하고 있지는 않은가? 혹은 교회 개척과 예배당 건축이 이음동의어는 아닌가? 전 세계 모든 지역에서 한국 선교사의 교회 개척이 이렇다는 말은 아니다. 하지만, 가난한 비서구의 많은 지역에서 교회 개척과 예배당 건축 지원은 이음동의어이다.

이론과 현장 사이에 어느 정도 격차가 있을 수 있다. 하지만, 현재 적잖은 지역에서 한국인 선교사의 현지 교회의 예배당 건축 지원의 이슈는 이론과 현장 사이의 괴리가 커도 너무 크다. 이 이슈에 있어서는 이론과 실천이 거의 상충하고 있다고 보아도 무방하지 않을까 싶다. 위의 교수와 제자의 대화처럼, 이론이 잘못된 것이든지 현장에서의 실천이 잘못된 것이든지 둘 중의 하나가 아닐까 싶다.

본서는 한국인 선교사들의 예배당 건축 활동을 선교인류학적으로 조명하였다. 과연 한국인 선교사들의 예배당 건축 활동을 어떻게 선교인류학적으로 이해할 수 있을까? 이 질문에 대한 답을 하기 위해 다시 일곱 개의 작은 질문을 하고 이것들에 대한 답을 일곱 장에 걸쳐서 했다.

제1장에서는 과연 한국 교회의 타문화권 선교는 어떤 모습일까? 이것에 대해 역사적인 관점에서 답했다. 제2장에서는 한국 교회의 교회론에 대한 탐구를 했다. 동시에 한국 교회의 교회에

대한 문화적 이해도 덧붙였다. 제3장에서는 한국 교회와 선교사들에게 널리 알려진 타문화권 교회 개척 이론들을 정리했다.

제4장에서는 한국 교회와 선교사들은 선교 현장에서 교회 개척을 어떻게 실천하는지를 사례들을 중심으로 살펴보았다. 제5장에서는 선교지 예배당 건축 지원의 문제점들에 대해 제시하고 설명했다. 제6장은 선교지 예배당 건축 지원에 대한 한국 교회와 선교사의 문화적 이해를 다루었다. 마지막으로 제7장에서 예배당 건축 지원 대신 할 수 있는 것들을 모색하고 제안했다.

이 책의 바탕은 「ACTS 신학저널」(한국연구재단 등재지) 제34집 (2017)에 게재된 필자의 논문이다. 이 논문은 지면의 제약으로 대부분의 내용을 간략히 다룰 수밖에 없었다. 이 논문을 일곱 개의 장으로 이루어진 책으로 저술하며, 내용이 대폭 늘어났고 보강되었다. 필자의 논문과 이 책의 공통점은 이 이슈에 대한 필자의 주장이 유일하다고 해도 크게 틀린 말이 아니다. 이 책 제1장의 내용은 「성경과 신학」(한국연구재단 등재지) 제60권(2011)에 게재했던 필자 논문의 일부이다.

여러분에게 감사의 말씀을 드린다. 아세아연합신학대학교의 2019년 학술 저서 연구 지원이 이 책을 저술하는 데 큰 도움을 주었다. 눈물로 씨를 뿌리며 교회 개척을 하는 선교사들을 하나님께서 위로하시고 선하게 인도하시를 기원한다. 필자의 졸고를 후한 말씀으로 추천하신 전호진 박사님, 톰 스테픈 박사님, 박영환 박사님, 권오훈 박사님께 심심한 감사를 드린다. 이 책의 출판을 위해 많은 관심과 수고를 아끼지 않으신 예영커뮤니케이션의 원성삼 대표님과 직원들에게 깊이 감사드린다. 고 김승태 장로님께서 선교 관련 도서를 많이 출간하며 한국 교회의 선교 교육과 선교 연구에 많은 공헌을 하셨다. 그렇기 때문에 예영커뮤니케이션에서 이 책을 출간하게 되어 매우 의미가 깊다. 마지막으로 우리 가족, 아내와 세 아들에게 고마운 마음을 전하고 싶다.

주 ——————————————————

1) Steve Sang-cheol Moon, *The Korean Missionary Movement: Dynamics and Trends, 1988-2013* (Pasadena: William Carey Library, 2016), 39
2) 2018년 10월 현재, www.riss.kr에서 검색한 결과이다.

제1장

...

한국 교회의
타문화권 선교 역사

1. 들어가는 말

예수 그리스도의 복음이 한반도에 비교적 늦게 도래했다. 조용한 아침의 나라로 서양에 소개되기도 했던 조선은 외세에 빗장을 굳게 걸어 잠근 은둔의 나라였다. 개신교가 들어오기 전에 천주교가 여러 차례 큰 박해를 당하기도 했다. 우리 땅에 첫 번째 개신교 선교사가 들어온 해는 1884년이었다. 한미수호조약 이후 의사 신분으로 입국한 호러스 알렌이 제1호 개신교 선교사이다.

물론 이전에 우리 민족을 향한 선교적 시도들이 없었던 것은 아니다. 1882년에 존 로스 선교사는 서상륜 등과 함께 누가복음을 한국어로 번역했다. 1866년에 영국인 로버트 토마스 선교사가 통역원의 신분으로 미국 상선인 제너럴 셔먼호를 타고 왔다가 대동강변에서 순교를 당했다. 또한 중국 선교사로 유명한 칼 귀츨라프 선교사가 1832년 서해 서천군 앞 고대도를 방문했었다. 하지만, 이러한 역사적 사건들은 단회적인 것이고 한반도에 기독교인과 선교사가 지속적으로 거주하며 복음을 전하게 된 것은 1884년 이후로 보는 것이 적절하다.

동아시아에서 가장 늦게 복음이 전래되었지만, 한국 교회는 일찍부터 복음 전파에 열심을 내었다. 한국 교회는 조선 말에 조선 땅에 거주하는 이들뿐 아니라 만주와 시베리아 그리고 일본에 거주하는 동포들에게 복음을 전하였다. 한국 교회의 규모가 크지 않고 상황도 좋지 않았음에도 불구하고, 한국 장로교회는 1913년에 중국 산동성으로 선교사 세 가정을 파송하였다. 이 사역은 중국 공산화로 더 이상 머물지 못하게 된 방지일 목사가 한국에 귀국할 때인 1957년까지 계속되었다.

한국 교회는 동족상잔의 슬픔이 채 가시지도 않은 때인 1957년 태국으로 선교사들을 파송하기 시작했다. 1960년대와 1970년대에도 비록 적은 수였지만 한국 교회의 선교사 파송은 계속되었다. 1980년대에 들어오면서 한국 교회의 선교사 파송은 급격히 늘기 시작했다. 1989년의 우리 정부의 여행 자유화 조치와 경제 부흥과 함께 많은 선교사가 폭발적으로 파송되기 시작했다. 그 결과, 한국세계선교협의회가 발표한 한국 선교사 파송 현황에 따르면, 2019년 12월 한국 교회가 파송한 선교사의 수가 28,039명에 이르게 되었다.

이 장에서 필자는 한국 교회의 타문화권 선교 역사를 여섯 개의 시기로 구분하여 살펴보려고 한다. 이것은 이 책의 주제를 이해하는 데 적절한 배경 지식을 제공할 것이다. 예수님의 부활 승천이후 하나님께서 선교를 주도하셨다. 이것은 백 년이 넘는 한국 교회의 선교 역사 속에서도 발견된다. 한편, 하나님의 이끄심에 순종하는 한국 교회의 선교의 모습은 시기별로 다르게 나타났다.

2. 시기 구분을 위한 고려 요인들

한 사람의 인생은 인생 주기에 따라 일련의 변화를 거듭하며 하나의 이야기를 만든다. 어느 개인의 유아기, 청소년기, 청년기, 장년기, 노년기는 서로 상관없는 시기들이 나열된 것이 아니라, 한 사람의 인생 전체를 보다 잘 이해하도록 도와주는 일련의 변화 과정을 담고 있는 개인사를 만들어 낸다. 인생의 가치가 화폐로 환산될 수 없듯이, 인간의 역사 또한 칼로 무 자르듯이 나눌 수 없다. 학교의 입학과 졸업 그리고 직장 입사와 퇴사 등 시작과 끝이 분명한 것도 있다. 한편, 교우 관계, 신앙 발달, 사고의 성숙 등 시작과 끝이 분명하지 않을 뿐 아니라 중첩되는 것도 있다.

과연 한국 교회의 타문화권 선교 역사를 어떻게 구분하는 것이 적절하고 효과적인가? 여러 방법이 있을 것이다. 여기서는 한국 교회의 타문화권 선교에 직접적인 영향을 주었던 요소들을 중심으로 시기를 구분하고자 한다. 시기 구분의 토대가 되는 주요 요소들은 다음과 같다. 한국 교회의 성장, 한국 선교 단체의 출현과 성장, 한국 선교사의 양적 증가, 선교지의 확대, 한국 경제의 발전, 한국의 국내 정치 및 외교의 변화 등이다.

한국 교회의 성장

앞에서 언급한 대로, 한반도에서의 개신교 역사는 매우 늦은 편이다. 19세기 중반에 중국에서 칼 귀츨라프가 서해에 잠시 다녀가기도 했고 토마스 선교사가 대동강변에서 순교하기도 했다. 19세기 후반에는 중국 선교사인 존 로스가 중국 변경에서 성경을 번역하기도 했다. 개신교 선교사들이 조선 땅에서 살며 선교하기 시작한 것은 알렌 선교사가 입국한 1884년이다. 이듬해에 아펜젤러와 언더우드 선교사가 입국했다. 우리나라는 바다를 접하고 있는 나라 중에서 복음의 전래가 가장 늦은 나라 중 하나이다.

이 땅의 복음 전래 역사가 짧음에도 불구하고, 한국 교회는 폭발적인 성장을 보였다. 1884년 이후로 선교사들이 많이 입국해서 교육, 의료, 복지 등의 다양한 사역을 하였다. 암울한 현실 앞에서 많은 조선인이 서구와 기독교에서 대안을 모색했다. 많은 선교사가 친일보다는 조선인들과 함께 마음 아파했다. 그러던 중, 원산에서 하디 선교사의 회개로 촉발된 부흥의 물결이 평양으로 전달되었다. 그리고 이것은 전국으로 확산되었다. 한국 교회의 질적 성장은 양적 성장으로 이어져서 나타났다.

중국에서 잠시 사역한 뒤에 수십 년간 한국에서 사역했던 고 사무엘 마펫 선교사의 다음과 같은 회고는 한국 교회의 폭발적인 성장을 아주 잘 요약하여 보여 준다.

1889년도의 기록에 따르면 개신교는 74명 밖에 없었다. 40년이 지난 1930년 내가 아직 소년이었을 때, 기독교인의 숫자는 415,000명이었고 전체 인구의 2퍼센트였다. 1955년 내가 한국에 돌아왔을 때, 1,117,000명이었으며 전체 인구의 약 5퍼센트였다. 1987년 현재 한국에 천만 명이 넘는 기독교인이 있으며 전체 인구의 23퍼센트이다. 이것을 대략 정리하면, 1890년에는 1,000명 가운데 1명이, 1930년에는 50명 가운데 1명이, 1955년에는 20명 가운데 1명이, 1987년에는 4명 가운데 한 명이 기독교인이다.[1]

노봉린은 한국 교회의 빠른 교회 성장의 네 가지 주요 시기를 다음과 같이 구분하였다: 1905-1910, 1919-1931, 1945-1960, 그리고 1975-1990.[2] 이것은 사무엘 마펫의 회고와 그 맥을 같이 한다.

1912년 이전 수년 동안의 각 교단별 성장을 간략히 살펴보면 다음과 같다. 조선남감리교회의 교인이 1903년도에는 964명이었으나, 1911년에는 8,851명이었다.[3] 북감리교회는 1906년 등록 교인이 18,107명이었으나 1907년에는 39,613명으로 일 년 만에 두 배가 넘게 성장하였다.[4] 장로교회의 경우, 1886년도에 첫 한국인 세례자를 얻었고 1890년에는 세례 교인이 100명이었다.[5] 1903년 전체 교인이 19,327명이었으나 1911년에는 140,470명으로 늘어나 8년 동안 8배가 넘게 성장하였다.[6]

이와 같은 급성장이 없었다면, 조선예수교장로교회 총회 결성도 늦어졌을 것이고 따라서 중국으로 타문화권 선교사를 보내는 결정도 없었을 것이다.

선교 단체 설립, 선교사 증가, 선교지 확대

한국 선교 단체의 수 증가와 한국 선교사의 수 증가 그리고 사역지의 확대도 눈여겨 볼 요인이다. 1913년부터 1957년까지 44년 동안 연인원 13명의 선교사와 그의 가족들이 중국에서 사역하였다.[7] 1957년에는 두 선교사 가정이 태국에서 사역했다. 1960년대에는 3개 단체에 속한 9명의 선교사가 3개국에서 사역하였다. 1973년도에 6개 선교 단체에 속한 30명의 선교사가 10개국에서 사역하였고, 1979년도에 21개의 선교 단체에 속한 93명의 선교사가 26개국에서 사역하였다.

1982년도에 47개 선교회에 속한 323명의 선교사가 37개국에서 사역하였고, 1986년도에 89개 선교 단체에 속한 511명의 선교사가 47개국에서 사역하였고, 1989년도에 92개 선교 단체에 속한 1,178명의 선교사가 72개국에서 사역하였다.[8] 2002년에 11,614명의 선교사가 해외에서 사역하였고, 2011년 1월 현재 227개 선교 단체에 속한 22,014명이 169개국에서 사역하고 있다.[9] [표1]이 보여 주듯이, 한국 선교 단체와 선교사와 선교지의 증가는 일정한 패턴을 가지고 있다.

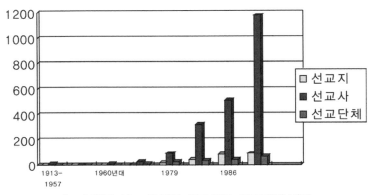

[표1] 한국 선교 단체와 선교사와 선교지의 변화

한국 경제의 발전

한국 교회의 타문화권 선교 역사의 시기를 구분하려고 할 때 한국 경제 발전도 반드시 고려해야 한다. 선교사의 생활과 사역에 많은 재정 지원이 필요하기 때문이다.

1인당 연간 국민 소득의 변화가 크게 있었다. 1961년에는 82불, 1971년에는 200불, 1981년에는 1734불, 1991년에는 6,498불이었다.[10] 2019년 말 구매력 평가 기준 우리나라의 1인당 국민 소득(GDP)은 3만 7천 불이 넘었다.

박기호는 한국의 장로교회의 선교 발전 요인 가운데 하나로 경제 성장을 꼽았다.[11] 김활영도 대한예수교장로회(합동)의 타문화권 선교의 빠른 발전의 상황적 요인으로 우리나라 경제 발전을 지적했다. 이들이 지적하는 대로, 한국 경제 발전의 결과로 여행 자유화 정책이 실행되었고 외환 국외 유출이 자유로워졌다. 그 결과

선교사들은 자유롭게 출국할 수 있었고, 한국 교회는 재정 후원을 할 수 있게 되었다

한국 사회와 한국 교회가 가난했던 시기에는 선교사 파송의 수가 지극히 적었고, 선교사에 대한 재정 후원도 넉넉하지 못했다. 중국 산동성과 1950년대와 1960년대에 파송되었던 선교사들은 재정이 넉넉하지 못해 사역과 생활에 어려움을 겪었다. 최찬영 선교사는 선교지인 태국에 도착해서 머문 곳이 교회 종탑 바로 아래 위치한 방이었고, 두리안 가격이 비싸 태국에서 사역한지 15년 만에 사 먹었을 정도였다.[12]

참고로, 전재옥 등 2명의 선교사가 파키스탄에서 받았던 선교 후원금은 매달 43불이었다.[13] 이것은 그 당시 1인당 연간 국민 소득 83불의 절반이 넘는 액수로, 단순 계산으로 선교사 한 명을 후원하는 데 6명의 일 년 소득이 필요했던 것이다. 초기 선교사 중 한 명인 김순일 선교사는 선교 후원의 어려움으로 귀국하기도 했다.[14]

한국 경제의 폭발적 성장과 함께 선교사들의 파송도 급격히 늘었다. 지난 20년 동안의 중국 경제처럼, 한국 경제는 1970년대 후반부터 1990년대 중반까지 폭발적으로 성장했다. 수출에 의존하는 한국 경제에 유리한 삼저(三低: 환율, 이자율, 석유가)의 경제 상황이 1980년대에 지속되었다.

한국 경제 발전과 선교지 예배당 건축 지원은 비례한다. 한국과 한국 교회가 가난했던 시기에는 한국 선교사의 물량 선교의 사

례는 찾아보기 힘들다. 1960년대까지 한국 선교사들이 받은 선교 후원금은 생활비로 사용하기도 부족했다. 1970년대의 한국 선교 사들의 사역들도 재정 투자가 필요한 것은 많지 않았다. 1990년 대 이후부터 한국 선교사의 사역이 물량 선교의 특징을 가지고 있 다는 지적이 나오기 시작했다. 역설적으로, 한국 선교사의 물량 선교도 한국 경제의 성장이 없었다면 극히 힘들었을 것이다.

한국의 국내 정치와 국제 외교의 변화

한국의 국내 정치와 국제 외교의 변화도 고려가 필요한 요인이 다. 국내적인 요인들은 이렇다. 1910년부터 1945년까지 일본의 식민 지배를 받았던 우리가 타국에서 선교 사역을 하는 것은 쉽지 않은 일이었다. 이 시기에 산동성에서 사역했던 한국인 선교사들 이 중국 교회에 속했던 이유 중 하나에 우리의 국내 정치 상황도 포함되었을 것이다. 해방 이후에 신생 독립 국가가 된 한국은 매 우 혼란스러웠다.

1950년 6월 25일부터 3년이 넘는 한국전 기간 동안에 240만 명 이상의 민간인 희생자가 나오는 등 전후 복구가 시급한데, 비 경제적 활동인 선교 사역을 위해 타국으로 가는 것은 매우 힘든 일이었다. 한국 정부는 외환 유출을 방지하려는 목적으로 국민의 해외 여행에 매우 엄격했다. 1990년도의 여행 자유화 조치 이전 까지는 외교, 유학, 무역 등의 특정 목적 외에는 수년 기한의 복수 사용이 가능한 여권을 소지하는 것이 원칙적으로 쉽지 않았다.

2010년 현재, 대한민국은 전 세계 188개국과 수교 관계를 맺고 있다. 우리나라가 외교 관계를 수립한 나라는 1953년에는 단지 6개국에 불과했고, 1960년에는 16개국 정도였다.[15] 신생 독립국들이 아프리카와 아시아에서 출현하고 국제 정세의 큰 변화가 있었던 1960년대를 지나며 우리나라는 1970년에 67개국과 수교했다. 우리나라와 수교 관계를 맺은 나라의 숫자는 1980년에 114개국으로 늘어났다.[16] 서울 올림픽과 경제 성장을 바탕으로 1990년에는 대한민국이 외교 관계를 수립한 국가 수는 145개국으로 늘어났다.[17] 그리고 1992년 8월에는 중국과도 수교를 맺었고, 이때를 기점으로 수천 명의 한국 선교사가 중국으로 들어가서 섬겼다.

현재도 쉽지 않지만, 과거에는 한국 선교사가 미수교국에서 거주하며 사역하는 것이 매우 어려웠다. 한 예로, 전재옥 등 3명의 선교사의 사역에 크게 고무된 파키스탄의 레이 주교는 선교사를 더욱 요청하였고 이화여자대학교도 3명을 추가 파송하려고 준비했다. 하지만, 당시에 파키스탄은 우리나라와 수교를 맺지 않았던 이유로, 비자가 발급되지 않아 이 일은 실현되지 못했다.[18] 따라서 수교국이 증가했기 때문에 선교사가 보다 많은 국가에 쉽게 진출할 수 있었다.

세계적으로 자본주의와 사회주의가 대립각을 세우고 국내적으로는 한국 전쟁 이후 남과 북이 이념적으로 대치하고 있는 상태에서 중국과 러시아 등 사회주의 국가들의 문은 한국 선교사들에게 오랫동안 굳게 닫혀 있었다. 대한민국은 1990년에 러시아와, 1992년에 중국과 수교를 맺었는데, 이때까지 공산권은 한국 선교에 문이 닫혀 있었다고 해도 크게 틀린 말이 아니다. 이처럼 한국의 정치와 국제 외교는 한국 교회의 타문화권 선교에 대한 헌신과 능력과 상관없이 한국 교회의 타문화권 선교에 직접적인 영향을 미쳤다.

3. 한국 선교의 여섯 시기

앞에서 한국 선교 역사의 시기 구분을 위한 고려 요인 네 가지를 살펴보았다. 이 요소들은 한국 교회가 선교사들을 파송하는 것에 직간접적으로 영향을 끼쳤다. 필자는 이 요인들을 바탕으로 한국 선교 역사를 다음과 같이 여섯 개의 시기로 구분하는 것을 제안한다. 중국 산동성 선교로 요약되는 태동기, 1950년대와 1960년대의 개척기, 한국 교회의 선교가 확대되기 시작한 도약기, 1990년대 이후의 폭발적으로 증가하던 팽창기, 2000년 이후의 질적 그리고 양적 성장을 하던 성숙기, 2016년 이후 급격히 완만한 성장 곡선을 그리고 있는 포화기.

제1기(1912-1955) – 태동기
1907년도에 조직된 장로교회 독노회가 1912년 조선예수교장로회 총회로 확대 개편되었다. 처음 열린 총회는 하나님께 감사의 첫 열매로 타문화권 선교를 결정하였다. 그 뒤 1913년 5월 5일, 이 결정의 구체적인 실행을 위해 박태로 목사가 김찬성 목사와 함께 중국 교회를 방문하고 산동성 내양현 일대를 선교지로 허가 받았다. 같은 해 11월, 박태로, 김영훈, 사병순 선교사는 자신들의 가족과 함께 선교지에 도착해서 언어 훈련과 함께 사역을 시작하였다. 그곳에서 사역하였던 미북장로교의 선교부는 자신들의 소유 재산을 한국 선교사들에게 이관하고 철수하였다.

그 뒤에도 방효원(1917년 파송), 박상순과 김윤식(1918년 파송), 주현칙(1923년 파송), 안준호(1931년 파송), 김순호(1932년 파송), 방지일(1937년 파송) 등이 조선예수교장로회 총회로부터 파송받았다. 선교가 시작된 내양현뿐 아니라 1922년도에는 즉묵 지역으로 1937년 이후로는 청도까지 선교 대상 지역을 확대하였다.

중국에서 사역한 선교사들의 사역도 다양하였다. 선교사들의 주 사역은 교회 개척 및 신앙 교육이었다. 의사였던 김윤식, 주현칙, 안준호는 즉묵 지역에서 의료 선교를 하였다. 안준호는 맹인 학교를 설립하였고 성경학교뿐 아니라 일반 학교도 운영하였다.

이 시기는 정치적으로 한국이 일본의 식민 통치를 받았던 때였다. 이에 따라 한국 교회의 선교 활동은 제약을 받지 않을 수 없었다. 이에 따라, 한국 선교사는 44년 동안의 총 인원이 10명이었고, 선교 대상국은 중국이 유일했다. 타문화권 선교에 참여한 선교 단체도 교단 선교부 하나였다. 이 당시 한국의 경제는 전통적인 농업 경제였으며, 일본의 경제 체제에 속했던 것도 이후 시기와 다

른 점이라고 하겠다. 또한, 노봉린이 구분하였던 한국 교회의 급
성장의 두 번째 시기(1919-1931)와도 겹치는 부분이 있다.

처음 파송되었던 선교사 세 가정은 수년 만에 철수했다. 이유
는 한국 교회의 재정 후원의 부족 혹은 부재였다. 이들은 생활고
를 견디다 못해 철수했다. 선교사들의 중도 포기의 이유를 알게
된 한국 장로교회는 이후에 보낸 선교사들을 재정적으로 후원하
는 것을 많이 개선하였다. 그렇지만, 한국 교회가 선교지인 산동
성의 현지 교회를 위한 예배당 건축을 지원하는 것은 매우 요원한
일이었다.

제2기(1955-1970) – 개척기

최찬영과 김순일의 태국 파송으로 제2기가 시작되었다. 독립
과 한국 전쟁 이후 1955년 장로교회는 태국으로 최찬영 선교사
가정과 김순일 선교사 가정을 파송했다. 최찬영 선교사는 여권 발
급에서부터 비자 취득 등 독립 국가의 최초 선교사로서의 어려움
을 경험했다. 1960년대에는 이화여자대학교에서 파송한 독신 여
성 선교사 3명이 이슬람권인 파키스탄에서 교육 선교를 하였다.
또한 1968년도에 초교파 자생 선교 단체였던 국제선교협력기구
(The Korea International Mission)가 설립되었고, 교단 선교사로 태
국에서 사역하였던 김순일 선교사는 이 단체 소속 선교사로 다시
파송되었다.

이 시기의 타문화권 선교는 한국 교회뿐 아니라 한국 사회에

생소한 일이어서 일간 신문들도 보도했을 정도였다.[19] 이 시기의 타문화권 선교는 일반적이기보다는 특수한 사건에 가까웠고, 여전히 총회 차원이나 대학교와 같은 큰 기관이어야 수행할 수 있었다. 또한, 한경직 목사나 김활란 박사와 같은 선교적 안목을 지닌 지도자들이 주도한 일이었다. 국제선교협력기구도 조동진 목사라는 선교 지도자가 주도하였던 자생 선교 단체였다.

이 시기의 선교사의 숫자나 파송 단체의 숫자와 사역지의 숫자는 여전히 미미하지만 제1기와 확연히 구분이 된다. 국내 정치는 이승만 정권과 박정희 정권을 걸친 시기였으나, 경제적으로는 여전히 농업이 주된 산업이며 산업 기반 시설 등이 여전히 빈약했던 시기였으며, 1인당 국민 소득은 200불이 채 되지 않는 때였다. 한편, 이 시기는 한국 교회가 급성장하던 3번째 시기와 일부 겹치고 있다. 1970년도에 한국은 1960년대에 새로 독립한 국가들과 새로이 수교 관계를 맺어 67개국과 수교 관계를 맺었다.

이 시기의 선교사들은 현지 교단 혹은 기관들과 긴밀히 협력했다. 태국에서 최찬영과 김순일은 현지 교회의 노회에 속해 사역을 하였다. 전재옥은 파키스탄에서 이미 설립된 여자고등학교와 교회 기관에서 영어 교사 혹은 성경 교사로 섬겼다. 한국 교회가 보내는 후원금은 선교사의 생활을 하기에도 부족했다. 이 시기에도 선교지 예배당 건축 지원은 거의 없었다고 해도 과언이 아니다.

제3기(1971-1989) – 도약기

제3기에 들어서면서부터 선교사와 사역 국가와 선교 단체의 숫자가 급격히 증가하였다. 1973년도에 이미 30명의 선교사가 6개 선교 단체를 통해 10개국에서 사역하였다. 박창환(1971년 파송), 서정운과 김윤석(1972년 파송)이 가족과 함께 인도네시아로 파송되었다. 정성균(1974년 파송)은 방글라데시로 파송되었다가 파키스탄으로 옮겨 사역 중에 1984년 7월 17일에 순교하였다. 김활영(1977년)과 김유식(1979년)이 필리핀으로 파송되었다. 손중철(1981년 파송)은 대만에서 교포 선교를 하다가 싱가포르로 파송되었다. 김영자(1980년 파송)는 인도로 파송되었다. 국제선교협력기구를 통하여 신홍식(1971년 파송) 이후 여러 선교사 가정이 태국으로 파송되어 사역하였다.

1980년대에 접어들면서 더 많은 선교 단체를 통하여 더 많은 선교사가 더 많은 국가를 사역 대상지로 삼고 선교하였다. 오경환은 1980년대 초에 나이지리아에 그리고 최초의 한국인 선교사들이 케냐에 파송되었다. 그 뒤를 이어 감비아, 스와질랜드, 레소토, 보츠와나, 말라위 등에도 한국인 선교사들이 들어갔다고 한다.[20] 남미에도 1980년대 초반부터 타문화권을 대상으로 하는 한국인 선교사들이 들어가기 시작했다. 정은실 선교사가 1982년도에 볼리비아에 입국했으며, 브라질, 수리남, 아르헨티나, 에콰도르, 파라과이 등에도 선교사들이 비슷한 시기에 들어갔다.[21] 그리고 80년대부터 OM, OMF, SIM, Wycliff/GBT 등과 같이 서양에서 시작된 초교파 국제 선교 단체 소속으로 사역하는 한국인 선교사들이 나오기 시작했다. 그 결과, 1989년도에는 92개 선교 단체를 통해 1,178명의 선교사가 72개국에서 사역하였다.

이 시기, 1970년대와 1980년대는 한국 경제가 급속도로 발전하였다. 이에 따라 1인당 국민 소득도 1991년도에 6,498불에 달할 정도로 많아졌다. 이것은 1971년에 1인당 국민 소득이 200불이었던 것과 비교하면 32배가 늘어난 것이다. 이 시기는 노봉린이 분류한 한국 교회 급성장의 네 번째 시기와 겹치고 있으며 기독교 인구는 천만 명이 넘어 네 명 중 한 명은 기독교인이었다.

국내적으로 군사 독재 정권이었으나 국제적으로는 북한과의 외교 전쟁으로 보다 많은 국가와 수교 관계를 맺은 결과 1990년도에 한국이 수교 관계를 맺은 국가는 145개국이었다. 또한 1988년도에 서울에서 열린 하계 올림픽은 전 세계에 성장하는 한국을 홍보하는 좋은 기회였고, 한국인과 한국 교회는 지구상의 다른 나라 사람들과 문화를 접하는 좋은 기회가 되었다.

이 시기에 한국 교회와 선교사들 중에 현지 교회 사역자들의 생활비를 지원하는 사례들이 생겨났다. 선교지에 예배당 건축 지원의 사례들도 이전과 달리 찾아볼 수 있게 되었다. 대개 한국의 초대형 혹은 대형 교회들이 이것을 했다. 한국 교회가 경제력을 갖추기 시작했고, 저개발국가의 물가는 상대적으로 많이 낮았다. 그 결과, 한국에서 송금한 돈이 선교지에서 상대적으로 큰 가치를 가지게 됨에 따라 이런 사례가 나오기 시작했다.

제4기(1990-2000) – 팽창기

한국 교회의 타문화권 선교사의 파송은 1990년대에 들어서면서 폭발적인 증가를 보였다. 이런 면에서 제3기의 연장선에 있다고 보는 것도 가능하다. 이 시기의 마지막 해인 2000년에는 한국 선교사의 수가 무려 만 명을 넘었다. 1989년도 한국 선교사의 수에 비해 거의 9배 증가한 것이었다. 이 시기는 여러 가지 면에서 아래와 같은 선교 상황적 특징을 띠고 있다.

첫째, 과거에 청년 선교 동원에 한몫을 한 선교한국 대회가 1988년도에 시작되었다. 이 선교 대회를 통해 한국 교회와 기독 청년들이 타문화권 선교에 대한 도전을 많이 받았다. 같은 해에 미국 시카고 휘튼대학교 빌리그래함센터에서 제1차 한인세계선교대회가 열렸고 그 뒤로 지금까지 4년마다 열리고 있다. 한국 교회 선교 지도자들과 선교사들과 미주 한인 교회 지도자들이 참여한 이 대회는 한국 교회에 선교적 비전과 도전을 제시하였다.

둘째로, 엄청난 정치 변화로 사회주의권 국가들과 외교 관계를 맺었다. 1990년 소련(현 러시아)과 이념의 차이를 넘어 국가 간의 수교 관계를 맺었다. 1991년 12월 미하일 고르바쵸프 대통령이 사임하며 소비에트연방국가들이 연방을 탈퇴하면서 이른바 소련의 붕괴가 발생했다. 또한 1978년 개방 정책을 결정한 중국과 1992년 8월에 수교 관계를 수립했다. 이 두 국가의 변화와 수교 관계 형성은 한국 교회의 타문화권 선교에 큰 영향을 미쳤다. 러시아는 물론이고 과거 소련의 일부였던 중앙아시아에 선교사가 입국하게 된 시기도 1990년부터였다. 한국 국적으로 중국으로 선교사가 들어가게 된 것도 1992년부터이다.

셋째로, 한국 경제의 발전 및 저환율 정책으로 선교사 파송에 대한 부담이 이전보다 적었다. 김영삼 정부 시절인 1996년 10월 한국은 경제협력개발기구(OECD)에 회원국으로 가입하였다.[22] 한국은 IMF 경제 위기를 겪기 전까지 저환율 정책을 사용하였다. 고평가된 원화 덕분에 한국 선교사들은 재정적으로 여유를 경험했다.

넷째로, 한국 교회와 성도들이 지구촌을 직간접적으로 경험하였다. 1988년도 서울 올림픽은 한국 사회와 교회로 하여금 세계로 눈을 돌리는 계기가 되었다. 1981년 독일 바덴바덴에서 올림픽 경기를 서울로 유치한 이후, 한국은 공중 질서 캠페인뿐 아니라 전 세계에 대한 소식을 보다 많이 접하였다. 이 과정에서 한국 사회 전체가 온 세상에 대해 관심을 가지게 되었다.

또한, 1989년 6월 23일 여행 자유화 조치를 통해 한국인들은 여가와 관광의 목적으로 해외 여행을 다닐 수 있게 되었을 뿐 아니라 외화 반출액도 완화되었다. 물론 이전에도 여행을 전혀 못했던 것은 아니나, 한 번만 사용할 수 있는 단수 여권에 사용 기간마저 짧았기에 일반 대중까지도 선교 사역을 참여하는 것은 쉽지 않았다. 하지만, 이 조치 이후 장기 선교사뿐 아니라 일반 성도들이 1-2주 정도의 단기 선교 여행을 다닐 수 있게 되는 등 한국 교회의 타문화권 선교의 저변이 이전과는 비교되지 않을 정도로 확대

되었다.

해외 선교에 참여하는 한국 교회가 이 시기부터 많이 증가했다. "선교가 교회 성장에 도움 된다."라는 말도 이때부터 들리기 시작했다. 이전에는 "복음의 빚을 갚는다." 혹은 "잃어버린 영혼을 살려야 한다."라는 표현을 더 익숙하게 들었다. 한국 교회는 경쟁적으로 선교사를 파송하고 적극적으로 지원하였다. 한국 선교사들은 앞다투듯 새로운 선교지를 찾아 나갔다.

한편, 한국 교회와 한국 선교사는 여전히 타문화권 선교에 대한 지식과 경험이 충분히 없었다. 많은 선교사가 희생적으로 사역했지만, "맨땅에 헤딩"하는 경우가 많았다. 한국 선교사들 중에는 한국 교회에 사역의 결과물을 보여 주어야 한다는 압박감을 스스로 혹은 교회로부터 받은 이들이 많았다. 일반적으로 한국 교회는 스스로의 교회 개척 경험을 토대로 선교지에 예배당을 건축하는 것을 긍정적으로 생각했다. 선교지 교회들은 엄청난 비용이 드는 예배당 건축을 선교사가 지원하겠다는 제안을 거절할 이유가 그다지 없다.

한국 선교사와 한국 교회의 선교지 예배당 건축 지원은 이 시기부터 본격화되었다. 한국 선교사에게 이것은 자기 사역의 가시적 성과물을 낼 수 있고, 사역의 접촉점을 만든다는 점에서 유익했다. 한국 교회에게 이것은 비교적 적은 돈으로 "성전 건축"할 수 있다는 점이 좋았고, 분명한 성과물로 성도들에게 도전과 만족을 줄 수 있다는 점이 긍정적이었다. 현지인들에게 이것은 하늘에서 뚝 떨어진 것과 같은 하나님의 축복처럼 보이고, 나쁠 것이 없기에 좋았다.

예배당을 중요시하는 한국 선교사와 교회의 눈에 가난한 현지 교회가 너무나도 형편없는 시설에서 예배드리는 것은 너무나도 안타깝고 불쌍한 모습이었다. 한국 선교사와 한국 교회는 "그래도 하나님의 집이 번듯해야 하는데"와 "번듯한 예배당이 있으면 현지 교회가 성장해서 자립하고 다른 교회도 도울 것"이라는 생각을 가졌다. 이들은 하나님을 위해 수고하고 희생하며 섬긴 것이다. 선교지 예배당 건축을 지원하는 선교사와 교회들이 팽창기에 많이 늘어나 성숙기인 지금까지 계속되고 있다.

제5기(2000-2015) − 성숙기

한국인 해외 선교사 수는 2001년에 만 명에 조금 못 미쳤으나, 2002년에 11,614명으로 만 명을 상회하였다. 십 년만인 2011년에 이 숫자는 두 배인 22,014명이었고, 2019년 말 현재, 28,039명이다. 혹자는 성장 곡선이 제3기나 제4기와 비교해 완만해졌다고 지적할 수 있다. 하지만, 2011년까지 매년 10퍼센트 이상의 양적 성장은 매우 높은 성장률이다. 팽창기에 시작된 선교지 예배당 건축 지원은 이 시기에 더 증가하고 있다는 인상을 받는다.

이 시기에 양적 성장도 있었지만, 주요 특징은 질적인 면에 있다. 첫째, 한국인 선교사 가운데 국제적으로 지도력을 발휘하는 사람들이 나오고 있다. 물론, 이전에도 조동진 목사처럼 아시아권에서 선교 지도력을 발휘하였던 사람들이 있었다. 하지만, 이것은 예외적인 경우라고 보는 것이 더 적절하다. 2000년을 전후로 하여 국제 선교 단체에 소속된 한국인 선교사 가운데 최고위급 지도자 위치에 선임되는 경우가 여러 단체에서 나왔다. 이 점은 앞으로 더욱 심화될 것으로 전망하여도 큰 무리가 되지 않을 것으로 보인다. 또한 한국인은 아니지만, 홍콩 출신의 화교 선교사가 OMF 선교회의 국제 총재로 2005년도에 선임되어 지금까지 섬기고 있는 것도 주목할 만할 요소이다.

둘째, 한국 선교 단체가 국제화되어 가고 있다. 1999년 KGM선교회와 PWM선교회가 통합하면서 GP선교회로 새롭게 태어났다. 이 단체의 특징은, 물론 역사적 배경이 있기는 하나 설립시부터 파송 본부가 한국과 미국 양 곳에 있었다는 점이다. 국적도 한국과 미국의 국적을 가진 선교사들이 선교사로 허입되었다. 바울선교회도 비한국인 선교사들을 회원 선교사로 받아들여, 2003년에는 일곱 명의 브라질인 선교사가 바울선교회 소속으로 타문화권 선교에 참여하였다. GMP선교회 소속 선교사 가운데 비한국인들이 있다. 이 현상 역시 더욱 두드러지게 나타날 것으로 조심스럽지만 전망된다.

선교사와 한국 교회와 성도들이 선교지의 교회에 예배당 건축을 지원하는 것을 찾아보는 것은 어렵지 않다. 전도와 제자 양육과 교회 개척을 건너뛰고, 기존 교회에 예배당 건축을 지원하는 경우를 적잖이 볼 수 있다. 선교지에 예배당 건축을 목적으로 선교회를 결성한 지역 교회들도 있다. 선교지의 예배당 건축 지원을 100회가 넘도록 한 지역 교회와 성도들도 있다. 외국 교회의 예배당 건축 지원에 대해 부정적으로 인식하는 현지인은 많이 찾아 볼 수 없다. 한편, 이들은 건축 지원과 함께 있을 수 있는 외국 선교사의 간섭과 개입에는 부정적이다. 선교사 중에 예배당 건축 지원을 반대하거나 우려하는 목소리를 내는 이들도 있지만, 이 이슈가 개선되지는 않고 있다.

제6기(2016-현재) – 포화기

2019년 12월 말 현재, 28,039명의 한국 선교사 수는 앞으로 수년간 매우 완만하게 증가하면서 3만 명에 충분히 도달할 것이다. 한편, 한국 선교사의 최대 인원은 아마도 최대 3만 5천 명 안팎이 될 것으로 전망된다. 그 이유는 한국 교회의 청년 선교사가 급감했기 때문이다. 이 공백을 장년 선교사들이 메꾸고 있으나, 인구학적으로 보았을 때 이것도 그리 오래 가지 못할 것이다. 더 심각한 문제는 대규모 선교사 은퇴 시기가 매우 가까이 있다는 점이다.

그동안 선교사의 유출은 미미하고 유입이 크게 일어나면서, 선교사의 수가 증가할 수 있었다. 하지만, 유입은 크게 줄었고 유출이 대규모로 발생할 것으로 예상된다. 따라서, 한국 선교사의 양적 증가는 거의 포화점에 이르렀다고 보는 것이 맞을 것이다.

한국 선교계 일각에서 한국적 선교에 대한 목소리가 높다. 지난 수년 동안 매우 자주 회자되고 있는데, 그 내용은 모호하다. 오히려 우리는 보다 구체적인 질문들을 해야 할 때이다.

현재 한국 선교계가 마주하고 있는 필요들이 여럿 있다. 은퇴 선교사들에 대한 대책은 무엇인가? 선교사 개인에게 미룰 것인가? 아니면, 교회와 선교 단체가 방안을 마련할 것인가? 앞으로 선교사 발굴은 어떻게 할 것인가? 한국 선교계가 BAM은 어떻게 할 것인가? 한국 교회 선교의 장점은 무엇이고 이것을 어떻게 장려할 수 있는가? 전도와 교회 개척이라고 할 수 있는데, 이것을 앞으로 어떻게 유지할 것인가? 우리의 단점은 무엇이고, 이것을 어떻게 개선할 수 있는가?

한국 교회는 머리로는 하나님 선교를, 몸으로는 개별 선교사의 선교 또는 개별 교회의 선교를 하고 있다. 한국 교회가 하나님의 선교를 언급한지 오래되었고, 여러 해외 유명 저자의 저서들이 번역되고 널리 읽히고 있다. 한국 선교계에 하나님의 선교를 갈망하고 주장하는 사람도 많다.

하지만, 실천 차원에서는 서구 교회의 "교회의 선교"보다 더 후퇴한 개별 선교사의 선교, 개별 교회의 선교를 하고 있다. 개별 선교사의 선교와 개별 교회의 선교는 근시안적 선교, 가시적 선교, 경쟁적 선교, 물량 선교로 이어진다. 이 문제에 대해 심각하게 고민하고 반성하며 행동을 바꾸지 않으면, 이러한 선교는 미래에도 지속될 것이다.

세계 선교 환경의 패러다임 변화가 있다. 1945년부터 1980년대까지 과거 피식민지들이 점차 독립국이 되었다. 이 시기로부터 짧게는 40년, 길게는 75년이 지나며, 과거 피식민지 국가들은 자국의 주권을 이전보다 더 적극적으로 행사하기 시작했다. 한국 선교사들의 비자발적 철수는 최근 중국과 인도에서 잠시 발생한 충격이 아니라 2000년대 초반부터 여기저기서 조금씩 발생하고 있었다.

비즈니스 선교(Business As Mission)는 21세기의 새로운 대세로서, 단순히 여러 사역 중 하나가 아니라 식민지 시대의 선교를 대체할 플랫폼이 될 것이다. BAM은 적법한 비자를 제공하고, 재정을 일으키고, 현지 기독교인들에게 지속 가능한 삶을 제공하는 선교, 성속의 구분이 없는 기독교적 삶을 보여 주는 선교이다.

한국 교회의 선교적 역할 중 하나는 다수 세계 교회의 선교 마중물이 되는 것이다. 한국 교회는 선교가 서구 교회의 전유물이 아닌 것을 세계 교회에 잘 보여 주었다. 타문화권 선교 측면에서, 한국 교회는 다수 세계 교회의 모델이 될 수 있다. 한국 선교사가 20세기 초반에 미약한 조선 장로교회가 중국 산동성을 선교했던 것을 기억하며, 오늘날 가장 미약한 교회의 선교적 잠재력을 보는 것이 필요하다.

4. 나가는 말

선교사와 함께 복음이 전해진지 100년이 지난 1984년에 한국 교회는 복음의 수용자에서 복음 전달자로 이미 그 역할을 바꾸었다. 1960년대 이후, 한국 사회는 급격한 경제 성장과 더불어 급격한 사회 변화와 산업 변화 그리고 정치 변화를 경험했다. 세계에서 가장 가난한 나라에서 한강의 기적을 경험한 나라가 되었다. 유교와 농촌을 중심으로 한 사회가 기독교와 도시를 중심으로 한 사회가 되었다. 산업도 1차 산업에서 2차 그리고 3차 산업으로 빠르게 전환되었다. 우리나라 정치도 독재 정치에서 민주 정치로 발전하였다. 상징적으로 서울 올림픽을 기점으로 국제 사회에서 한국은 가난한 나라에서 넉넉한 나라로, 도움을 받는 나라에서 도움을 주는 나라로 바뀌었다. 한국 교회도 한국 사회의 변화처럼 도움을 받는 교회에서 도움을 주는 교회로 빠르게 변하였다.

중국 산동성 선교 이후 1960년대까지의 한국 교회의 타문화권 선교는 협력을 기반으로 한 선교였다. 한국 장로교회가 파송한 박태로 등 산동성 선교사들은 미국 남장로교회 선교사들에게 선교지를 이양 받아서 중국 교회의 우산 속에서 사역하였다. 한국 전쟁이 있은 뒤 얼마 되지 않아 파송 받은 최찬영, 김순일 선교사도 태국 현지 교단에 소속되어 협력 사역을 하였다. 1960년대 이후 십 년 넘게 사역했던 고 전재옥 교수와 여성 선교사들도 파키스탄 현지 교단의 초청을 받아 현지 교단의 지도력 하에서 사역을 하였다. 1970년대 이후에도 한국 최초 자생 선교 단체였던 KIM의 선교사들도 흔히 현지 교단 혹은 교회와 협력 사역을 하였다.

한국 교회의 타문화권 선교 초기에서 협력 사역을 많이 보게 되는 것은 제한된 자원의 원인이 크다. 당시는 교통과 통신이 현대에 비해 매우 열악했다. 한국 교회에게 타문화권 선교는 매우 생소한 것이었으며, 현장의 선교사들을 돌보고 이끌 수 있을 정도의 능력을 갖추지 못했을 뿐 아니라 그런 자원도 미비했다. 선교사들의 생활과 사역에 필요한 재정도 많이 부족해서, 독립적으로 사역할 여건이 되지 못했다.

한국 선교의 팽창기부터 한국 교회의 타문화권 선교는 큰 변화를 경험했다. 한국 선교는 협력 사역에서 독자적 사역으로 바뀌었다. 한국과 한국 교회의 경제가 크게 향상됨에 따라 선교사들이 선교지에서 독립적으로 사역할 수 있는 환경이 되었다. 한국 교회도 의욕적으로 타문화권 선교에 참여하며, 가시적 성과를 기대했다. 급증하는 한국인 선교사의 숫자만큼 협력 선교를 할 수 있는 현지 교회 파트너를 신속히 그리고 충분히 찾기도 쉽지 않았다. 독자적 사역은 흔히 물량 선교의 모습으로 선교지에서 많이 나타났고, 그 대표적인 경우가 선교지 교회에 예배당 건축 지원을 하는 것이다. 한국 선교사와 교회의 예배당 건축 지원은 아시아, 아프리카, 남아메리카의 많은 지역에서 발견되고 있다.

주 ──────────────────

1) 다타음 글에서 재인용. Ro, Bong Rin. "The Korean Church: God's Chosen People for Evangelism". In *Korean Church Growth Explosion*, ed. Bong Rin Roand Marlin L. Nelson. (Seoul: Word of Life Press, 1995), pp.16-17.

2) Ro, Bong Rin. "The Korean Church: God's Chosen People for Evangelism", 16.

3) 박용규, 『평양 대부흥 운동』(서울: 생명의 말씀사, 2000), 418.

4) 박용규, 『평양 대부흥 운동』, 419.

5) 전재옥, "맥가브란의 교회 성장 원리에 비추어 본 한국 교회 성장 이해", 『한국 문화연구원 논총』 제41권 (1982): 82.

6) 박용규, 『평양 대부흥 운동』, 423.

7) 손윤탁, "한국 선교 운동사/중국 산동성 선교 - 방효원·방지일과 초기 선교 사역 을 중심으로".
   http://www.love.re.kr (2011년 1월 23일 접근)

8) Timothy Kiho Park, "A Two-Thirds World Mission on the Move: The Missionary Movement of the Presbyterian Church in Korea", Fuller Theological Seminary, 1991. Ph.D. Dissertation

9) 한국세계선교협의회, "2002년 한국 개신교 교세 현황과 선교 현황".
   한국세계선교협의회, "2011년 1월 한국 선교사 파송 현황".
   http://www.kwma.org (2011년 2월 5일 접근)

10) Timothy Kiho Park. Ibid., 123.
   Hwal-Young Kim, "From Asia to Asia: A History of Cross-Cultural Missionary Work of the Presbyterian Church in Korea(Hapdong), 1959-1992". The Reformed Theological Seminary, 1993. Ph.D. Dissertation., 77.

11) Timothy Kiho Park. Ibid., 123.

12) 임윤택, 『해방 후 최초의 선교사 체험기』(서울: 두란노서원, 2009), 130-135.

13) 김영남, "한국 교회의 아시아 지역 선교 역사와 그 추이", 『한국 기독교와 역 사』 28 (2008), 97.

14) 손승호, "한국 교회 태국 선교의 역사", 『한국 기독교와 역사』 28 (2008), 56.

15) 북한자료센타, "수교 현황".
   http://munibook.unikorea.go.kr/?sub_name=information&cate=1&s

    tate =view&idx=99&page=4&ste= (2011년 2월 5일 접근)

16) 북한자료센타, "수교 현황".

17) 북한자료센타, "수교 현황".

18) 김영남, "한국 교회의 아시아 지역 선교 역사와 그 추이", 101.

19) 김영남, "한국 교회의 아시아 지역 선교 역사와 그 추이", 96.

20) 오경환, "남부아프리카의 한인 선교사 선교 사역 현황 분석", 중남부아프리카 한인선교사회 편, 『아프리카를 위로하라』(서울: 목양, 2010), 83.

21) 정은실, 『하나님의 도우심으로 27년을 한결같이』(서울: 보이스사, 2008)
    KWMA, "Korean Missionaries Latin America".
    http://kcm.co.kr/kwma/1998/kwma9805.html (2011년 2월 11일 접근)

22) 참고로 이 시기에 한국의 대기업들은 경제 발전과 금융 대출과 저환율 정책을 바탕으로 서구 기업들을 매입하는 등의 경제 활동을 하였고, 1997년 IMF 경제 위기로 대우 그룹 등이 해체되기도 하였다.

제2장

•••

한국 교회의
교회론

1. 들어가는 말

"교회는 매우 친숙하면서도 또한 매우 자주 오해되는 주제이다."[1]

정말 그렇다. 교회는 기독교인들에게 어머니라는 단어처럼 너무나도 친숙한 단어이다. 한국 기독교인들에게는 더욱 그렇다. 얼마나 그러냐 하면, 교회 중심적인 신앙생활을 한국 기독교의 특징들 중의 하나로 셀 정도이다. 한편, 교회는 자주 오해되는 주제이기도 하다. 하나님이 거하시는 성전. 성도들의 모임. 예배를 드리는 곳. 왠지 다른 곳보다 거룩한 장소. 한번 실험을 해 보라. 다섯명의 기독교인들에게 "교회"가 무엇인지 물어보라. 조금 과장해서 다섯 사람에게 다섯 개의 답을 듣게 될 것이다.

혹시 교회에 대한 우리의 이해와 실천이 일치하지 않고 분리되어 있는 것은 아닐까? 그리고 이것을 우리가 미처 깨닫고 있지 못하는 것은 아닐까?

마치 이런 것과 유사하다. 우리 자녀들은 부모의 언어적 가르침보다 행동적 가르침을 더 따른다. 부모가 자녀에게 이런저런 약속과 규칙을 만들어도, 부모가 그 약속들과 규칙을 여러 번 어기면, 자녀들은 안다. 부모가 그 약속들과 규칙을 중요하게 생각하지 않는다는 것을! 부모가 아무리 하나님이 제일 중요하다고 해도 자녀를 주일에 학원 보내면, 자녀들은 안다. 자신의 부모가 사실은 하나님을 그렇게 중요한 분으로 생각하지 않는다는 것을!

이 장에서는 다음 질문들을 고민하고 살펴보려고 한다. 지난 이천 년의 기독교 역사 속에서 교회는 어떻게 이해되었는가? 한국 교회의 신학에 큰 기둥 역할을 하는 칼빈과 웨슬리는 교회를 무엇으로 보았는가? 그리고 현대 한국 교회에서 널리 읽힌 에릭슨과 클라우니는 교회에 대해 무엇을 가르쳤는가? 교회에 대한 한국 교회는 교회를 실제적으로 어떻게 이해하는가? 한국 교회의 선교지 예배당 건축 지원에 대한 이해는 신학적 토대보다는 문화적 영향을 더 받은 것은 아닌가?

2. 교회론의 역사적 변화

역사 속에서 교회에 대한 이해는 변화를 거듭했다. 크레이그 밴 겔더는 이것을 다섯 개의 시기로 나누어 다음과 같이 정리했다: 초기 교회 시대, 종교 개혁 시대, 자유 교회 운동 시대, 경건주의와 근대 선교 운동 시대, 교단 교회 시대.[2)]

겔더는 누가의 다락방 이후 약 1500년의 시기를 초기 교회 시대로 명했다. 기독교는 수백 년 동안 핍박을 받는 종교였다. 사실 3세기 초반에 세베루스가 로마 황제가 된 이후에 교회는 건물을 소유할 수 있게 되었다.[3] 이전까지는 성도들의 모임이 예배당이 아닌 성도의 가정에서 이루어졌다.

기독교는 313년 이후 로마 제국에서 용인되었고, 380년 이후 로마 제국과 유럽의 공식 종교가 되었다. 380년 테오도시우스 황제와 그라티아누스 황제가 니케아 신경을 채택하고 이것만 따를 것을 명령했다. 이때에 로마 제국은 다른 생각을 하는 기독교 종파들과 우상 숭배를 금했고, 가정에서의 종교 집회도 불허했다.[4] 로마 제국의 국가 종교가 된 기독교 교회는 국가의 후원을 받아 지역마다 종교 활동의 공간인 예배당을 소유하게 되었다. 이 변화의 바탕은 신학적인 것이 아니라 정치적 목적이었다.

헤르만 바빙크는 이 시기의 교회를 이렇게 표현했다. 교회는 "합법적인 사제들과 특히 지상에 있는 그리스도의 대리자인 로마교의 교황의 통치 아래에서 기독교 신앙을 고백하고 동일한 성사들에 참여하는 사람들의 모임"[5]이다.

초기 교회는 4세기 말에 네 가지 속성을 교회의 본질로 보았다.

> 4세기의 교회는 자신을 하나이며 거룩하고 보편적이고 사도로부터 이어오는 것으로 여겼다. 교회는 전 세계에 걸쳐 관계적이고 조직적인 통일 속에 존재하며, 하나님의 현존을 드러내며, 주교의 직무를 통해 하나님을 대신하는 사도적 권위를 행사하는, 단일화된 가시적 사

회 공동체로 여겨졌다.[6]

종교 개혁 시대의 개신교회도 초기 교회 시대가 생각했던 교회의 네 가지 속성을 중요하게 생각했다. 이전 시대와 차이점이 있다면, 이것들을 모든 믿는 자로 구성된 비가시적 교회의 특성으로 본 것이다.[7] 이 시대 개신교회의 새로운 관심은 천주교회와 구별되는 참된 교회였다. 겔더에 따르면, 참된 교회 추구는 사람들의 관심을 교회의 존재에서 교회의 행위로 옮기는 결과를 낳았고, "설교와 성례전에 대한 관심과 함께 예배가 교회의 주된 사역으로 여겨지기 시작했다."[8] 이 시기에 설교와 성례전을 적절히 집행할 수 있는 전문 성직자 양성과 신학 교육의 기초가 이루어진 것은 우연이 아니다.

우리나라에서는 널리 알려져 있지 않으나, 흔히 재세례파 운동으로 알려진 급진적 종교 개혁을 추구하던 성도들은 교회에 대해 다른 이해를 했다. 겔더는 이들을 자유 교회 운동이라고 명명했다. 이들은 천주교와 루터교 등 국가 교회들로부터 많은 핍박을 받았다. 이들은 자신의 신앙을 위해 핍박을 피해 고향을 등지는 것을 마다하지 않았다. 이들은 교회가 참된 신앙을 가진 성도들로 구성된 가시적 공동체로서, 국가의 간섭을 받아서는 안 되고, 각 사람이 회심과 하나님과 친밀한 교제를 경험하고 있음을 교회가 증명해야 한다고 생각했다.[9]

경건주의와 근대 선교 운동 시대에는 교회가 교파와 신학의 차이를 뛰어넘어 하나님의 선교 명령을 수행해야 하는 것으로 이해했다. 이 시대 교회의 일차적인 책임은 선교였고, 교회는 선교를 위한 전문 조직을 구성했다.[10] 윌리엄 캐리의 삶과 사역은 이 시대를 잘 보여 주는 예이다.

교단 교회 시대는 19세기 중반 이후에 시작되었다. 이 교회 개념은 자유 교회 운동에 그 뿌리를 두고 있고 사회 계약 이론에 의해 강화되었고 국가 교회가 없는 북미에서 발전했다.[11] 이 시대의 교회는 "교단적, 조직적, 자발적 특성"[12]을 가지고 있다. "교회의 본질을 구성하는 신적 양상은 고백적 방식으로 표현될 수 있지만, 교회의 정체성은 일차적으로 그것의 사회적 조직 형태에 의해서 형성된다."[13] 설교와 성례전을 강조하지만, 행정 조직과 운영에 관심을 기울인다. 유구한 역사를 가진 기독교 신앙과 현대 민주주의 사회가 절묘하게 조우하며 만들어진 교회의 이해이다.

지난 2000년 동안 교회가 물었던 질문들은 이렇다. 교회가 무엇인가? 교회가 무엇을 해야 하나? 교회의 구성원은 누구인가? 교회의 제일 큰 책임은 무엇인가? 교회의 정체성은 무엇인가? 이 질문들은 교회가 성장하고, 세속 정치 체제가 변화하고, 세계가 서로 가까워지고, 인문 사회가 발전하고, 복음이 새로운 토양에 뿌려져 자람에 따라 등장한 핵심적인 질문들이다. 흥미롭게도, 교회의 모임 장소인 예배당은 이 질문들 목록에서 찾을 수 없었다. 한편, 한국 선교사와 교회의 타문화권 교회 사역과 관련해서 가장 익숙한 주제 중 하나가 예배당 건축이다.

3. 주요 신학자들의 교회론

여러 신학자가 한국 교회의 교회론에 큰 영향을 미쳤다. 이들 중에서 존 칼빈, 존 웨슬리, 밀라드 에릭슨, 에드몬드 클라우니의 교회론을 간단히 정리했다. 과연 이들은 교회를 어떻게 이해하고 가르쳤는가?

존 칼빈의 교회론

존 칼빈의 신학은 한국 장로교회 신학의 근간이다. 익히 알고 있는대로, 한국 교회에서 장로교가 차지하는 비중이 매우 크다. 한국 장로교회는 초기부터 타문화권 선교에도 열심을 내었다. 지금도 한국의 장로교회는 많은 선교사를 파송하고 있다. 장로교 선교사들 가운데 많은 수가 교회 개척 사역을 하고 있고 적지 않은 수가 선교지 예배당 건축과 관련된 사역을 하고 있다. 따라서, 칼빈의 교회론에 대해 살펴보는 것이 필요하다.

칼빈은 교회가 필요하다고 역설했다. 교회는 하나님을 아는 이들과 하나님을 모르는 이들을 위해서도 필요하다.

> 우리의 믿음을 일으키고 키우며 목적지까지 전진시키시려면 무지하고 태만한 (혹은 경박한) 우리에게는 외적인 도움이 필요하기 때문에, 하나님은 우리의 이 약점에 대비해서 필요한 보조 수단도 첨가하셨다. 그리고 복음 전파가 활발하게 전개되도록 이 보물을 교회에 맡기

셨다.[14]

교회는 성도들의 신앙 유지와 성장을 돕고, 불신자가 하나님을 아는 것을 돕기 때문에 필요하다.

칼빈은 사람들의 모임을 교회로 보았다. 칼빈에게 교회는 하나님께 선택받은 이들의 공동체였고,[15] 그리스도의 몸으로서 구성원들이 서로 유기체적으로 연결되었고 서로 섬기는 공동체였다.[16] 칼빈은 "어디에서든지 하나님의 말씀이 순수하게 설교되어지고 경청되어지며, 성례전이 그리스도의 제정에 따라 시행되는 곳 … 에는 의심할 여지없이 하나님의 교회가 존재한다."[17] 칼빈에게 교회는 신자들의 어머니로서 신자들을 품어 주시고, 삼위일체 하나님께서 사역하시는 신자들이었다.[18] 최윤배가 바르게 지적한 대로, 칼빈에게 교회는 성도들이 하나님의 양육과 보호와 도움을 받는 곳이며 천국으로 인도하는 곳이다.

칼빈은 교회를 무형 교회와 유형 교회로 구분했다. 이 개념은 루터를 포함해서 여러 종교 개혁가들의 신학에서도 발견된다.[19] 이것은 예수 그리스도를 머리로 하는 교회의 두 면이 있음을 말한다. 무형 교회는 "본질적으로 영적이어서 육신의 눈으로는 잘 분별할 수 없"으며 태초 이래 지금까지 선택받은 모든 성도를 말한다.[20] 칼빈은 유형 교회를 이렇게 설명했다.

온 지구상에 흩어져 살면서 한 분 하나님과 그리스도를 예배하는 사람들의 총수를 의미한다. 그들은 세례를 받음으로 그리스도에 대한 믿음의 생활을 시작하고, 성찬에 참여함으로 참 교리와 사랑에서 하나가 됨을 증명한다. 그들은 주의 말씀에 전적으로 동의하고, 말씀의 전파를 위하여 그리스도께서 세우신 말씀의 사역을 보존한다.[21]

칼빈은 "교회 밖에 구원이 없다."라고 했다. 이 말은 이양호가 지적한 대로, 교회 자신이 구원의 능력이 있다는 말이 아니다.[22] 구원의 주권을 홀로 가지신 하나님의 구원 사역의 도구로 교회가 유일하게 사용된다는 말이다.[23] 그리고 여기서 말하는 교회는 한 장소에 건축되어 있는 가시적 건물을 의미하지 않고, 하나님께 선택받은 이들이 그리스도의 몸을 이루고 있는 모임을 말한다.

존 웨슬리의 교회론

우리나라에 존 웨슬리의 사역과 신학을 따르는 교회가 많다. 구체적으로 말하면, 감리교회, 성결교회, 나사렛성결교회, 구세군교회 등을 웨슬리 신학을 따르는 교단으로 분류할 수 있다. 이중에서도 감리교회와 성결교회는 일찍부터 타문화권 선교에 적극적으로 참여했을 뿐 아니라, 그 규모도 크다. 이런 점에서 존 웨슬리의 교회에 대한 이해를 살펴보는 것이 유익하다.

웨슬리에게 교회는 사람들이지 건물이나 제도가 아니었다. 그는 교회는 사람들이라고 했다. 그는 "하나님께서 이 세상에서 불러낸 자들" 혹은 "함께 굳게 결합된 일단의 사람들"[24]을 교회라고 했다.

> 교회는 제도, 의식, 교권, 교리, 신조 또는 외형적 건물로 구성되는 것
> 이 아니라 참된 믿음이 깊은 사랑의 소유자, 즉 정결한 하나님의 자녀
> 들로 구성되는 것이다.[25]

　권오훈은 웨슬리가 예배를 위한 건물을 교회로 보지 않았다고
지적했다. 교회는 "건물이 아니라 사람이 교회라는 것이다."[26]
　또한, 웨슬리는 교회의 기능을 중심으로 교회를 이해했다. 다
시 말해, 그는 믿는 이들에게 말씀이 선포되고 성례가 행해지면
교회라고 보았다. 웨슬리는 "믿음, 말씀 선포 그리고 성례전을 교
회 성립의 필수적인 요소로 이해한다."[27] 다시 말해, 신앙 활동을
하는 믿음의 사람들이 교회라고 웨슬리는 본 것이다. 김영선이 지
적한 대로, 이러한 이해는 종교 개혁자들과 성공회 신학자들의 이
해와 맥을 같이 한다.[28]
　웨슬리는 교회를 규모에 따라 분류했다. 이 분류에도 지역적
개념을 약간이나마 찾아 볼 수 있지만, 가시적 장소 혹은 건물의
개념은 빠져 있다. 작게는 한 가정도 교회가 될 수 있고, 이 가정
들이 모여 지역 교회를 이루고, 국가 교회를 이루고, 세계적인 교
회들이 된다.[29] 교회의 규모에 따른 분류에서도 교회가 모이는
"건물"에 대한 강조는 찾아 볼 수 없다.

밀라드 에릭슨의 교회론

밀라드 에릭슨은 성경, 특별히 바울 서신을 통해 교회를 설명했다. 그에 따르면, 바울이 세 가지 이미지를 통해 교회를 설명했다: 하나님의 백성, 그리스도의 몸, 성령의 전.[30] 이것은 바울 서신서에 성삼위 하나님의 개념이 들어 있다고 주장한 아더 와인라이트의 생각을 바탕으로 했다.[31] 에릭슨은 하나님의 백성의 비유에서 하나님의 주도적인 행위가 강조되고, 그리스도의 몸의 비유에서 그리스도께서 활동하시는 장소가 강조되고, 성령의 전 비유에서 성령이 성도와 성도들의 모임에 내주하시며 역사하는 것이 강조된다고 보았다.[32] 바울이 앞에서 언급한 세 가지 이미지를 통해 교회를 묘사하는 이유는 "교회는 삼위일체 하나님과의 관계 때문에 존재한다."[33]라는 것을 보여 주기 위한 것이라고 에릭슨은 제안했다.

에릭슨은 교회를 사람들로 보았다. 더 정확히 말하면, 그는 교회를 "그리스도의 죽음을 통하여 구원받아 하나님과 화목하게 되고 새 생명을 부여 받은 사람들 전체"[34]라고 정의했다. 이것은 당연한 것이다. 왜냐하면 삼위일체 하나님과 관계되는 것은 장소나 물건이 아니라 인격체와 인격체들의 모임이기 때문이다.

에릭슨은 교회를 건물과 연결 지어서 이해하지 않았다. 다만, 그는 실생활에서 교회가 여러 의미로 사용되고 있음을 주목했다.[35] 누군가가 십자가 탑이 있는 건물을 가리키며, "이거 우리 교회야!"라고 한다면, 이것은 교회 건물을 말하는 것이다. "서울

중앙교회"는 어느 지역 교회의 이름이다. "장로교회"라고 했을 때에는 교파를 말한다. 그는 이렇게 교회의 의미 중 하나인 예배당을 예로 들었을 뿐 그의 교회론 어디에서도 건물로서의 교회를 진지하게 언급하지 않았다. 다시 말해, 그가 교회를 생각할 때, 건물은 고려 대상이 아니었다.

에드먼드 클라우니의 교회론

에드먼드 클라우니는 교회를 "그리스도의 나라의 공동체"[36]로 보았다. 그는 하나님과 성도들 사이에 그리고 성도들 사이에서 상호 소통할 수 있는 관계성이 들어 있는 인격적 공동체성이 교회를 정의하는 데 중요하다고 제안했다. 그는 이것을 하나님의 백성, 그리스도의 제자, 성령의 교통 등 삼위일체적으로 설명했다.[37] 교회는 삼위일체 하나님과 인격적 관계를 가지고 있을 뿐 아니라 구성원들이 공동체적으로 존재한다.

클라우니는 교회에 대해 매우 자세히 다루었지만, 교회가 모이는 장소 혹은 건물에 대해서는 언급이 없다. 이것에서 미루어 볼 수 있는 것은 예배당은 교회의 본질에 속한 문제도 아니고 기능도 아니다. 교회로 모이는 사람들이 누구인가? 공동체와 하나님과의 관계가 무엇인가? 이들이 무엇을 하는가? 이들이 믿음을 공동체적으로 표현할 때에 어떻게 하는가? 이러한 질문들이 보다 본질적이고 교회 본연의 모습에 가까운 것이다.

4. 한국 사회와 교회의 교회관

앞에서 우리는 한국 교회의 신학에 많은 영향을 끼친 신학자들 중에 칼빈과 웨슬리와 에릭슨과 클라우니의 교회론을 살펴보았다. 이들의 교회론에서 공통적으로 발견할 수 있는 것은 하나님의 사역과 공동체로서의 사람들과 하나님과 사람 사이의 인격적 교제이다. 이들의 교회론에서 예배당과 같은 물리적 장소는 언급되지 않았거나 중요하게 다뤄지지 않았다.

한국 사회와 교회의 구성원들은 교회를 어떻게 이해하는가? 신학적 관점과 실천적 관점 사이에 간극이 있는가? 정훈택은 한국 사회와 성도들의 교회에 대한 이해를 "통속적"이라고 불렀다. 그에 따르면, 우리 사회는 교회하면 건물을 떠올린다.

> 기독교에 별 관심이 없는 사람들은 정말 기독교 집단인지 아닌지 따
> 져 볼 것도 없이 비슷한 부류의 사람들이 모여서 비슷하게 활동하면
> 그들이 드나드는 곳을 교회라고 부른다.[38]

기독교 신앙에 대해 깊은 이해가 없는 우리 사회가 교회를 이렇게 보는 것은 어찌 보면 당연하다. 요즘에는 한국 사회가 기독교를 어느 정도 알고 있다. 하지만, 1884년 선교사가 이 땅에 도착한 이후 오랜 세월 동안 기독교는 매우 낯선 종교였다. 기독교의 가르침은 배워야 알 수 있지만, 교회 건물은 눈에 보였고 기독

교인들은 교회 건물을 열심히 다녔다. 이런 점에서 한국 사회가 교회하면 건물을 떠올리는 것은 자연스럽다.

한국 교회의 구성원은 교회를 어떻게 이해할까? 성도들은 교회를 사람들의 모임으로 생각한다. 교회를 건물로 생각하는 우리 사회와 다르다. 교회를 사람들의 모임으로 본다는 점은 앞에서 언급한 신학자들의 생각과 많이 유사하다. 한편, 장소는 "기독교적인 목적으로 모이는 사람들"을 규정짓는 매우 중요한 요소이다.

> 한 건물에 기독교적인 목적으로 모이는 사람들을 교회라고 부른다.[39]

예배, 찬양, 기도, 봉사 등 기독교적인 목적으로 모이는 사실들을 교회로 부르기에는 어딘지 모르게 어색한 부분이 있다. 사람들이 특정 장소에 모여서 이런 기독교적 활동을 해야지만 교회로 비쳐진다. 한국 기독교인들에게 교회를 말할 때에 건물은 매우 중요하다.

전통적으로 서구 교회는 이렇게 생각하지 않는다. 20세기 중반까지, 서구 세계의 사회 구성원들은 흔히 자신들을 기독교인으로 인식했다. 이들은 기독교적 사회 문화 환경 속에서 자랐고, 기독교 신앙에 대해 적잖이 접했고 배웠다. 이들 중에 불신자는 교회에 나가지 않거나, 주요 절기에만 잠시 얼굴을 비출 뿐이었다. 서구 기독교인들은 문화적 혹은 신앙 고백 차원에서 사람들의 모임

을 교회의 여부를 판단한다. 이들에게 모임의 장소인 '특정 건물'
은 그다지 중요하지 않았다.

　한국 기독교인들에게 건물이 중요한 이유가 있다. 서구 교회와
달리, 한국 교회에 출석하는 이들 중에는 불신자들이 많았다.

> 한국 교회는 초기부터 – 다른 어느 피선교국과 별로 다를 바 없이 –
> 예수님을 믿는 사람들과 믿지 않는 사람들이 심하게 섞여 성장해 왔
> 다.[40]

　한국 등 피선교지의 사회 구성원들의 절대 다수는 타종교인이
었다. 믿음이 있어서 교회 출석하는 이들도 있었다. 하지만, 예수
님을 잘 모르는 채 교회에 나오는 이도 많았다. 이들이 기독교 신
앙에 대해 자세히 배울 수 있는 곳은 거의 교회가 유일했다. 그러
다 보니 전통적으로 한국 교회에는 기독교 신앙이 없는 이도 많았
다. 이들은 "한국적 의미의 '교회'에 속한 사람들일 수는 있어도
성경적 의미의 에클레시아에 속한 사람들은 결코 아니다. 이들은
장차 신자로 변할 가능성이 있는 사람들, 즉 신자 후보생들 또는
그럴 가능성을 가진 불신자들일 뿐이다."[41]

　한국 교회는 이들에 대해 전도의 목적과 기대를 가지고 있다.
불신자라도 교회에 다니다 보면 설교와 여러 신앙 활동을 통해 예
수님을 믿는 참된 성도가 될 수 있다. 흔히, 한국 교회에서 전도
는 불신자에게 예수님을 증거하는 것이 아니라 불신자를 교회로

인도하는 것이다. 총동원 주일, '와 보라' 식의 안드레 전도, 심지어 하루치 임금을 주고 사람들을 불러 모으는 일도 간혹 있지 않은가? 교회를 "믿지 않는 사람들을 신자로 만들기 위한 전도 모임"[42]으로 한국 목회자와 기독교인들은 생각한다.

허호는 한국 교회를 자본주의적 성장주도형 개교회주의로 정리했다. 그는 한국 교회가 이렇게 된 이유가 있다고 한다. 우선 한국 교회가 1980년대 이후 미국의 교회 성장학과 마케팅에 많이 의존하게 되었고, 둘째로 한국 사회의 산업화와 도시화 속에서 교회의 외형적 성장의 프레임에 갇혔고, 셋째로 목회자 수의 과도한 증가와 교회 수가 늘어나게 됨에 따라 지역 교회들 사이에 경쟁이 심해졌다고 보았다.[43] 그 결과, 한국 교회의 최우선적 관심은 종종 필요에 따라 하나님의 사역과 공동체로서의 사람들과 하나님과 사람 사이의 인격적 교제가 아니라 개교회의 성장과 안정에 모아졌다. 물론, 교회에 대한 성경적 그리고 신학적 가르침이 완전히 무시되는 것은 아니다. 하지만, 실제 환경에서 상황에 따라 그 가르침의 내용이 부정되거나 보류되는 것을 종종 목격할 수 있다.

한국 교회는 재정과 인원수의 측면에서 일단 사람이 많을수록 좋다고 생각한다. 개척 교회나 미자립 교회에 대한 교단의 재정 지원이 매우 열악하다. 개교회주의가 강한 한국 교회 상황에서 지역 교회들은 흔히 출석 교인들의 헌금으로 교회를 운영하고, 여러 사역을 해야 한다. 또한, 빈자리가 많은 예배당은 목회자나 성도들이 보기에 좋지 않다. 이런 점에서도 믿지 않는 사람의 교회 출석을 마다할 일은 아니다.

오늘날 북미의 한인 교회를 생각하면 이것을 이해하기 쉽다. 한국인 이민자들의 교회 출석 비율이 우리나라의 기독교인 비율보다 훨씬 높다. 익히 알려진 대로, 기독교 신앙을 가진 이들도 많지만 여러 이유로 교회에 출석하는 불신자도 많다. 한인 교회들은 이들이 교회 생활을 통해 기독교 신앙을 가지기를 기대한다. 이들의 헌금과 예배 참석은 교회에게 미약하나마 도움이 된다.

5. 신학이 아닌 문화

초대 교회는 핍박과 고난 속에서 성장했다. 사실 교회가 국가와 사회의 핍박에 끊임없이 노출되어 있지는 않았다. 하지만, 핍박의 그림자는 언제든지 교회 위에 드리울 수 있었다. 통치자와 주류 사회는 기독교를 오해했고 교회는 왜곡된 정보의 피해자였다. 교회는 로마 황제 앞에 절을 하지 않는다는 이유로 무신론자라는 오해를 받았다. 성만찬이 악의적으로 왜곡되어서 어린이들을 잡아먹는다는 어처구니 없는 누명을 기독교인들이 썼다.

이 시기의 교회 모습은 오늘날의 교회와 달라도 많이 달랐다. 성도들은 가능할 때에 어느 성도의 집에 모여서 예배를 드렸다. 교회의 지도자는 전문적으로 신학 교육을 받은 목회자가 아니었다. 흔히 다른 성도들처럼 자신의 생계를 위해 일을 하는 평신도 중에서 뽑힌 지도자였다. 이들의 신앙생활을 위해 별도로 마련된 종교 시설도 흔히 없었다. 초대 교회는 서로를 돌보고 격려하는 믿음과 소망과 사랑의 공동체였다.

4세기에 기독교가 로마 제국에서 용인된 이후, 교회는 이전과 다른 특징들을 가지게 되었다. 이 특징들은 신학적이기보다는 문화적이다. 이것들은 기독교화 과정을 거친 유럽 여기저기에서 발견되고 대발견의 시대 이후 비서구 세계에서도 발견된다. 기독교가 로마 제국을 비롯해서 여러 나라에서 공인 받게 되자, 교회는 주류 사회에서 새로운 자리매김을 하였다.

더 이상 교회는 국가와 사회의 핍박을 염려하지 않게 되었다. 기독교는 소수의 종교가 아니었다. 기독교는 다수 혹은 기득권층의 종교로서 사회를 섬기게 되었다. 기독교 신앙과 국가 통치는 한 동전의 양면이 된 것이다. 교회는 마을과 도시의 중심에 예배당을 세웠고, 예배당이 기독교인의 신앙과 생활의 큰 비중을 차지했다. 빌 베컴은 기독교가 주류 사회의 종교가 되기 시작한 4세기 이후 교회는 다섯 가지의 요소들을 가지게 되었다고 말한다. 즉, 예배당, 주일, 전문 사역자, 종교 의례들, 제도화된 헌금이다.[44]

베컴이 언급한 4세기 이후 교회의 다섯 가지 특징은 서구 교회의 문화로 자리잡았다. 서구 교회의 선교는 초대 교회의 모습보다는 콘스탄틴 이후의 교회 모습을 다수 세계에 전하고 장려했다. 이것이 자신들에게 익숙한 교회의 모습이었기 때문이다. 식민주의 체제 속에서 콘스탄틴 이후의 교회 모습을 이식하는 것이 가능했다. 다수 세계의 교회는 서구 선교의 교회 문화를 비평할 지식,

능력, 자원이 부족했기에 일방적으로 수용했다.

현대 아시아 국가에서 교회가 주류 사회의 일부가 된 것은 매우 드물다. 아마도 한국과 필리핀 정도가 아닐까 싶다. 주지하다시피, 한국 교회는 초기부터 사회 문제에 적극적으로 참여하였다. 한국 교회는 독립 운동에서 큰 역할을 감당했다. 기독교인들이 정치, 경제, 사회, 교육 영역에서 두각을 나타내었고 기독교 인구 비율에 비해 교회의 사회 영향력이 크다. 필리핀은 마젤란의 발견 이후 스페인의 영향 속에서 천주교 국가가 되었으며, 20세기 초부터 미국의 영향 하에 개신교 선교가 시작된 이래 개신 교회가 지속적으로 성장하고 있다. 일본과 인도네시아와 태국처럼, 교회가 어느 정도 용인되는 지역도 있다.

아시아의 나머지 지역에서는 교회가 여전히 사회의 주변부나 자신만의 게토 안에 머물고 있다. 아시아에서 기독교는 여전히 외국 종교로 인식되고 있다. 아시아인들은 기독교 종교를 정치적 관점에서 바라본다. 아시아의 많은 지역에서 교회는 외세의 앞잡이 혹은 집권 세력에게 위협이 되는 세력으로 비쳐진다. 아시아 사람들은 기독교를 전통 문화와 전통에 대한 도전으로 이해한다.

최근 여러 나라에서 일어나고 있는 일들은 좋은 예이다. 중국, 인도, 네팔, 이슬람권뿐 아니라 아프리카에서도 기독교를 자신들에 대한 도전으로 보고 있다.

중국 교회는 중국 정치에 엄청난 영향을 받는다. 중국이 공산화 된 이후, 선교사는 추방당했고 교회는 친사회주의적이고 친정

부적인 신학과 종교 활동을 해야 했다. 그렇지 않은 기독교인들은 지하로 숨어서 신앙생활을 했다. 등소평의 경제 개방 정책 속에서 교회가 비교적 자유를 누렸으나, 시진핑 정권 하에서 교회는 다시 어려움을 겪고 있다.

최근, 중국에서 미등록 교회와 종교 활동은 불법이고, 사회주의적 시각에서 성경이 새로이 편집되고 있다. 교회 예배에는 순수 종교적 요소뿐 아니라 사회주의 가르침이 추가되었다. 중국 정부는 일방적으로 온주 등지에서 예배당들을 허물었고 십자가를 떼어버렸다.

인도에서도 비슷한 일들이 벌어지고 있다. 힌두교인들은 기독교가 카스트 제도에 위협이 될 뿐 아니라 힌두교인들의 전통과 사회를 위태롭게 한다고 본다. 정치인들은 종교에 따라 표심이 달라질 수 있고, 궁극적으로 기독교인의 증가는 자신의 정치 생명에 불리하다고 본다. 혹은 힌두교인들의 지지를 얻기 위해 반기독교적인 행보를 취하기도 한다. 때로는 사적 이유 혹은 종교적인 이유로 힌두교인들이 기독교인과 교회를 물리적으로 공격하기도 한다. 2013년 11월에는 인도 라자스탄주에서 일곱 살의 어린이가 힌두교인들에 의해 잔인하게 살해당했다.

극렬 힌두교인들은 교회 예배당 건축을 방해하는 일도 서슴지 않는다.

건축 두 달 만인 5월 16일 밤 12시에 그 지역의 힌두 극렬주의자들의 모임인 '바지랑달'이라는 무리가 쳐들어와서 짓고 있는 교회에 불을 질렀다. 이 일로 경찰에 신고가 되고 상당한 어려움이 있었으며 기회만 되면 역시 동일한 무리가 교회 건축을 방해하곤 하였다. … 약 한 달 정도 지난 7월 30일 밤 2시 경에 역시 '바지랑달' 무리 60여 명이 몰려와서 지어 놓은 교회 전체를 허물어 버리고 땅 기증자의 딸을 죽이려고 끌고 나가서 몽둥이로 때려 중상을 입히는 테러를 하였다.[45)]

인도에서 예배당에 대한 힌두교인들의 테러가 종종 발생한다. 2008년에는 인도 오리사주에서 힌두교인들이 많은 교회에 방화하고 수십 명의 기독교인을 살해했다.

네팔은 과거에 비해 많이 나아졌지만, 기독교에 대한 힌두교인들의 부정적 시각은 여전히 있다. 이들을 무시할 수 없는 정치인들은 때때로 교회에 부정적 영향을 끼칠 수 있는 정책 결정을 하기도 한다. 대표적인 예가 2018년 8월 중순부터 시행에 들어간 반개종의 내용이 담긴 형법 개정이다.

네팔에서는 아직도 예배당과 같은 교회 재산을 종교 법인이나 교회 이름으로 등록하기 매우 힘들다. 따라서 예배당이 대개 목회자 명의로 등기된다. 혹은 3명 소유의 부동산으로 등기된다. 세월이 지난 뒤에 목회자나 자녀들이 예배당에 대한 소유권을 주장하는 안타까운 일이 종종 발생하고, 해당 교회뿐 아니라 네팔 기독교인들에게 부정적인 영향을 끼치고 있다.

이슬람권에서도 기독교와 교회에 대한 공격과 테러가 발생하고 있다. 파키스탄에서 사적인 이유로 무슬림이 기독교인을 신성모독죄로 무고하고, 기독교인은 사형을 언도받는 일이 여러 차례 있었다. 2017년 4월 종려주일에 이집트의 두 교회에서 폭탄 테러가 있었다. 2018년 5월 인도네시아의 세 교회에서도 폭탄 테러가 있었고 13명이 사망했다.

아프리카에서도 사하라 사막 이북 지역에서는 다수를 이루는 무슬림이 소수의 기독교인을 핍박하고 교회를 훼손하는 일이 발생한다. 2012년 케냐의 한 교회에 테러 공격이 있었고 열 명이 넘는 사람이 죽었다. 2010년대 이후, 이슬람 과격 단체인 보코하람이 카메룬 교회와 기독교인들을 공격하고 있다. 2015년 2월에는 보코하람이 니제르의 70개 교회에 방화를 했고, 열 명을 죽였다.

서구 교회와 한국 교회는 4세기 이후 지금까지 간직한 교회의 문화적 특징들을 타문화권 선교에서 그대로 유지했다. 서구 교회와 한국 교회는 신학적으로 성경적으로 그리고 역사적으로 교회에 대해 건전한 이해를 가지고 있다. 다만, 서구 교회와 한국 교회는 문화적으로 베컴이 언급했던 다섯 가지 특징을 교회가 가지는 것을 당연하게 여긴다. 특별히 이 책의 주제와 연관 지어 말하면, 한국 교회는 교회라면 당연히 예배당이 있어야 한다고 생각한다.

신학적 이해와 현실 속의 실천 사이의 괴리를 어떻게 이해하면 좋은가? 혹시 교회에 대한 이중적 교육이 있어서 그런 것은 아닌가? 교육학에서는 이것을 두고 공식적인 가르침, 숨겨진 가르침, 간과된 가르침이라고 부른다.

공식적인 가르침은 국가와 교사들이 가르치고 평가하는 지식이고 흔히 교과서와 여러 수업 자료에서 소개된다. 이 책의 주제와 관련지어 말하면, 교회에 대한 신학적 설명인 교회론이다.

숨겨진 가르침은 "학교 교육 과정에서 의도되지 않은 결과물들"로 "예화나 사례 연구나 교육 내용 등을 통해 학생들에게 은연중에 전달되는 긍정적인 메시지와 부정적인 메시지 모두를 포함할 수 있음을 알아야 한다."[46] 우리 주제와 관련 있는 내용은 자신이 속한 교단에 대한 자긍심, 초대형 교회에 대한 동경, 작은 규모의 교회에 대한 부정적 시선 등일 수 있다.

간과된 가르침은 "누락된 지식과 정보"로서 공적인 가르침에서 "배제된 지식과 믿음과 가치관과 관점들"이다.[47] 교회에 대한 가르침과 관련지어 보면, 교회론은 신학교 교과 과정에서 3학점 45시간 동안 교수되거나 최소한 5주 15시간 가르치고, 이때 집중적으로 다루어지는 것은 신학적 영역이다. 교회 개척과 설립 그리고 운영은 거의 다루어지지 않거나 수박 겉핥기 식으로 실천신학 과목에서 언급된다. 그 결과, 교회 개척과 예배당 건축을 어떻게 할지는 교회에 대한 신학적 이해에 비해 중요하지 않다는 가르침을 주었다. 목회자와 선교사들은 현장에서 자신들의 경험과 환경에 기초해서 나름대로 방법을 고안하고, 보다 쉽고 빠른 본보기를 따랐다.

한국 교회와 선교사는 이러한 간과된 가르침을 선교지에서 전달하고 있는 것은 아닌가? 교회에 대해 가르칠 때에는 신학적 측면에서 교회론을 가르친다. 이와 함께 자신이 속한 교단에 대한 우월 의식이 숨겨진 가르침 속에 있다. 그뿐 아니라, 예배당 건축 지원을 가르치는 것을 한국 교회와 선교사들이 간과하는 것이 아닌가?

6. 나가는 말

이 장에서 우리는 한국 교회의 교회론에 대해 살펴보았다. 이 과정에서 이론과 현장 사이에 큰 간격이 있음을 보았다. 지난 수십 년 동안, 교회 개척에 대해 신학교 교육과 신학 논문과 신학 도서가 강조하는 것과 선교 현장에서 실제로 일어나는 것 사이에 커다란 괴리가 있었다.

신학적으로 교회에 대해 구체적으로 강조되는 것은, 다른 점들이 있지만 적어도 하나님과 소통하는 신자들의 공동체라는 점에서는 공통점을 가진다. 교회는 비인격적 혹은 물리적 구조물이 아니다. 하나님과의 말씀과 성례전의 활동이 교회이지, 말씀과 성례전을 하는 장소가 교회는 아니다.

교회는 필수적이지만, 예배당은 그렇지 않다. 예배당이 필요 없다는 뜻이 아니다. 플리머스 형제단처럼 형식적인 건물이나 직업적인 성직자 등을 혐오하는 차원에서 하는 말이 아니다.[48] 교회가 성장하면, 궁극적으로 예배당이 필요할 때가 온다. 이때가 올 때까지, 예배당은 상황에 따라, 환경에 따라, 시기에 따라 중요하지 않을 수 있다. 예배당의 모습이 문화적으로 다양할 수 있는 것처럼, 예배당의 유무도 문화적 혹은 상황적일 수 있다. 교회 개척에서 중요한 것은 교회를 건강하게 세우는 것이지 예배당을 건축하는 것이 아니다.

한국 교회와 선교사는 본질로 돌아가야 한다. 선교사의 희생과 수고로 일구어진 선교지 교회에 아직 성숙한 지도자가 많지 않다. 따라서, 선교지의 성도들을 훈련시키고 교회를 세우는 것에 선교사가 관심 가지는 것이 필요하다. 선교사의 관심과 수고가 어디에 집중되는가? 신앙 공동체 세우기와 예배당 건축으로 나뉘는가? 혹시 예배당 건축에 집중되는 것은 아닌가? 이럴 경우, 선교사는 궁극적으로 튼튼한 건물을 소유한 허약한 교회를 세우기 쉽다. 이제라도 늦지 않았다. 한국 선교 공동체는 우리의 건전한 신학의 가르침 앞에 우리 스스로를 겸손히 내려놓자. 교회론이 가르치는 교회의 본질에 집중하자. 그리고 예배당 건축이 아닌 신앙 공동체 세우기에 관심을 갖자.

주 ─────────────────────

1) 밀라드 J. 에릭슨, 『교회론』 (서울: 기독교문서선교회, 1999), 17.
2) 크레이그 밴 겔더, 『교회의 본질』 최동규 역 (서울: 기독교문서선교회, 2015).
3) 볼프강 짐존, 『가정 교회』 황진기 역 (서울: 국제제자훈련원, 2004), 114.
4) 볼프강 짐존, 『가정 교회』, 114.
   Rad Zdero, *The Global House Church Movement* (Pasadena: William
   Carey Library, 2004), 61.
5) 헤르만 바빙크, 『개혁교의학 4』 박태현 역 (서울: 부흥과개혁사, 2011), 336.
6) 크레이그 밴 겔더, 82.
7) Ibid., 90.
8) Ibid., 92.
9) Ibid., 96
10) Ibid., 100.
11) Ibid., 105-107
12) Ibid., 108.
13) Ibid.
14) 『기독교 강요』 4권 1장 1절.
   신복윤, "칼빈의 교회관", 『신학정론』 제 6권 1호 (1988): 10.에서 재인용.
15) 신복윤, "칼빈의 교회관", 『신학정론』 제 6권 1호 (1988): 6-7.
16) 신복윤, "칼빈의 교회관", 『신학정론』 제 6권 1호 (1988): 8-9.
17) 존 칼빈, 『기독교 강요』 (1559), IV I 9.
   한국조직신학회 편, 『교회론』 (서울: 대한기독교서회, 2009), 132.
18) 한국조직신학회 편, 『교회론』, 123.
19) 신복윤, "칼빈의 교회관", 『신학정론』 제 6권 1호 (1988): 14.
   밀라드 J. 에릭슨, 『교회론』, 49.
20) 신복윤, "칼빈의 교회관", 『신학정론』 제 6권 1호 (1988): 14.
21) 『기독교 강요』 4원 1장 7절.
   신복윤, "칼빈의 교회관", 『신학정론』 제 6권 1호 (1988): 15.
22) 이양호, 『칼빈: 생애와 사상』 (서울: 한국신학연구소, 1997).
   최윤배, "칼빈의 교회론: 교회의 본질을 중심으로", 『한국 기독교 신학논총』 제
   49권 1호 (2007): 101.에서 재인용
23) 최윤배, "칼빈의 교회론: 교회의 본질을 중심으로", 『한국 기독교 신학논총』 제
   49권 1호 (2007): 102.

24) 권오훈, "존 웨슬리의 교회 이해", 『선교 신학』 제 53집 (2019): 36.

25) 한국조직신학회 편, 『교회론』, 154.

26) 권오훈, "존 웨슬리의 교회 이해", 36.

27) 한국조직신학회 편, 『교회론』, 151.

28) 한국조직신학회 편, 『교회론』, 151.

29) 권오훈, "존 웨슬리의 교회 이해", 41-42.

30) 밀라드 J. 에릭슨, 『교회론』, 33.

31) 밀라드 J. 에릭슨, 『교회론』, 33.

32) 밀라드 J. 에릭슨, 『교회론』, 33-44.

33) 밀라드 J. 에릭슨, 『교회론』, 58.

34) 밀라드 J. 에릭슨, 『교회론』, 32.

35) 밀라드 J. 에릭슨, 『교회론』, 18.

36) 에드먼드 클라우니, 『교회』 황영철 역 (서울: IVP, 1998), 16.

37) 에드먼드 클라우니, 『교회』, 29.

38) 목회와신학 편집부 편, 『교회론』(서울: 두란노 아카데미, 2012), 39-40.

39) 목회와신학 편집부 편, 『교회론』, 40.

40) 목회와신학 편집부 편, 『교회론』, 41.

41) 목회와신학 편집부 편, 『교회론』, 41.

42) 목회와신학 편집부 편, 『교회론』, 41.

43) 한국조직신학회 편, 『교회론』, 491-497.

44) 볼프강 짐존, 『가정 교회』 황진기 역 (서울: 국제제자훈련원, 2004), 77.

45) 김용대, "북인도 교회 개척과 지역사회 개발 사역", 침례신학대학교 세계선교
    훈련원 편, 『선교지 교회 개척 이야기』(대전: 그리심어소시에이츠, 2010), 81.

46) 마이클 H. 로마노스키, 테리 맥카시, 『타문화권 교육 선교: 지구촌의 변혁을
    위해 국경선 넘기』 김덕영, 김한성 역 (서울: 기독교문서선교회, 2019), 107.

47) 마이클 H. 로마노스키, 테리 맥카시, 『타문화권 교육 선교』, 109.

48) 밀라드 J. 에릭슨, 『교회론』, 52.

제3장

· · ·

타문화권
교회 개척 이론들

1. 들어가는 말

우리나라 교회들은 모두 현대에 설립된 교회이다. 한반도의 교회들은 100여 년 전에, 수십 년 전에 그리고 최근에 개척된 교회이다. 설립 시기가 다를 뿐, 절대 다수의 한국 교회들은 지난 세기와 이번 세기에 세워진 교회이다. 역사가 짧게는 수백 년 길게는 이 천 년 가까이 되는 서구 교회에 비해, 교회 개척은 한국 교회에 비교적 친숙하다. 한국 전쟁 이후 급성장한 한국 교회는 교회 개척의 경험을 많이 가지고 있다.

안타깝게도 풍부한 교회 개척 경험에 비해 교회 개척 연구는 많지 않다. 지금은 많이 나아졌지만, 약 십 년 전에만 해도 인터넷 구글에서 교회 개척을 검색하면 부동산 중개 홈페이지들을 제일 먼저 접했다. 우리나라에서 교회 개척 분야의 저술은 주로 해외 저자나 국내 목회자들에 의해 이루어졌다. 교회 개척에 대한 도서들 63권 가운데 국내 저자의 다수는 교회 개척의 경험을 이야기하거나 자신의 경험을 바탕으로 교회 개척을 어떻게 할지에 대해 다루었다.[1] 교회 개척에 대한 학술적 연구는 대개 석사 학위 논문이나 학술 논문에서 이루어졌다.

이론과 실천 사이의 커다란 간극은 타문화권 교회 개척에 대한 연구에서도 발견할 수 있다. 한국 선교사의 60퍼센트 이상이 교회 개척에 참여하고 있을 정도로 교회 개척은 한국 선교의 주요 특징이다. 하지만, 타문화권 교회 개척에 대한 연구와 자료는 매우 적다. 우리나라에서 타문화권 교회 개척에 대한 관심은 1980년대 말부터 있었다. 선교사들이 참고할 수 있는 타문화권 교회 개척에 대한 책들은 흔히 번역서이고 한국인 저자는 박기호가 유일하다.[2]

한국 선교사들에게 알려진 타문화권 교회 개척 이론들은 무엇인가? 한국 교회에 널리 알려진 존 네비우스 이론이 있다. 데이비드 헤셀그레이브의 열 단계 바울 교회 개척 이론도 한국에 소개되었다. 박기호의 교회 개척 이론은 책으로 소개되었다. 남침례교 선교사 데이비드 게리슨의 CPM 교회 개척 운동은 침례교를 중심으로 많이 소개되었다. 출구 전략 중심의 타문화권 교회 개척 이론은 톰 스테픈의 책이 2012년에 우리말로 번역되면서 한국 교회와 선교사들에게 소개되었다.

이 이론들은 선교지에서의 예배당 건축을 어떻게 볼까? 또한 비교적 최근에 타문화권 교회 개척 이론을 제시한 크레이그 오트와 진 윌슨은 이 사안을 어떻게 이해할까? 크레이그 오트와 진 윌슨의 이론을 제외한 나머지 이론들은 한국 선교사가 신학교에서 접해 보았거나 쉽게 접할 수 있는 이론들이다.

2. 존 네비우스의 이론

존 리빙스턴 네비우스(John Livingston Nevius, 1829-1893)는 40년 동안 사역한 미국 장로교회의 중국 선교사이다. 그는 프린스턴 신학교를 졸업한 해인 1853년에 결혼하였고 아내와 함께 중국으로 떠났다. 그는 중국 선교 초기에는 순회 전도, 성경 교육, 신학 교육 등의 사역을 했다. 1872년 이후, 그는 산동성 치푸를 중심으로 남쪽과 서쪽 지역을 제법 먼 거리까지 다니면서 순회 전도에 집중했다.[3] 그는 자신의 오랜 선교 경험을 바탕으로 1886년에 『네비우스 선교 방법 *Methods of Mission Work*』을 저술했고, 이 책은 1889년에 『네비우스 선교 방법: 선교 교회의 설립과 발달 *Planting and Development of Missionary Churches*』로 이름을 바꾸어 다시 출판되었다.[4] 그는 이 책의 내용을 제2회 중국 선교사 대회에서 소개했다.

네비우스는 자신의 교회 개척 전략을 새 방식으로, 당시 중국에서 널리 사용되던 교회 개척 전략을 옛 방식으로 불렀다. 옛 방식을 사용하는 선교사는 1) 예배당 건축 혹은 임대하는 것을 포함하여 선교지의 신생 교회의 여러 재정적 필요를 선교 재정으로 공급하며 2) 현지인들을 유급 고용하여 여러 지역에 보내어 교회를 설립하고 목회하도록 하고 3) 자신은 현지 사역자들을 관리하는 역할을 했다. 이에 비해, 네비우스가 주창한 새 방식은 선교사가 1) 직접 여러 지역을 다니며 전도하고 2) 여러 지역에 형성되는 신자 모임들을 목양하고 3) 정기적으로 신자 모임의 지도자들을 불러 집중 성경 교육을 시키는 것으로 4) 현지 교회를 위한 선교 재정의 사용이 최소화되는 것이다.

존 네비우스는 중국 교회 뿐 아니라 가난한 조선 교회도 새 방식을 사용할 수 있다고 보았다. 당시 조선은 세계에서 가장 가난한 나라 중 하나였다고 해도 과언이 아니다. 그는 선교지의 교회들이 가난하고 어리더라도 스스로 예배당을 구매 혹은 건축할 수 있다고 보았다. 그는 선교지의 성도들이 우선 가정 교회의 형태로 모이고 예배 장소가 비좁아지는 등 예배당이 절실히 필요할 때, 성도들이 필요한 재정을 조달하여 예배당을 마련하는 것이 바람직하다고 제안했다. 그는 주변 사람들의 반대를 불식시키기 위해서도 일반 가옥을 수리하는 등 수수하게 예배당을 꾸밀 것을 제안했다.

한국에 온 선교사들은 존 네비우스의 제안을 비교적 잘 준수했다. 선교사들이 먼저 예배당을 지어 주려고 하지 않았고, 한국 교회가 가난했지만 스스로의 힘으로 예배당을 지었다.

> 교인 숫자가 늘어나면 근처의 초가집을 구입하여 여러 방을 헐어서 하나의 큰 방을 만들어 나중에는 교회 건물이 건축될 수가 있다. 이때 매 단계마다 교인들은 자력으로 필요한 시설물을 건조할 수 있으므로 보조금은 필요하지 않다.[5]

네비우스 방법이 조선 땅에 처음 소개된 것은 1889년이다. 그는 안식년을 위해 중국에서 미국으로 귀환하는 여정의 일부로 조선을 방문했고, 이때 조선에서 사역하는 서양 선교사들에게 자신의 선교 전략을 소개했다. 조선의 선교사들은 그의 전략을 수용하고 사용했다. 이후, 한국에서 개신교가 빠르게 성장하면서, 그의 전략은 네비우스 원칙으로 널리 알려지게 되었다. 한국 교회는 네비우스의 제안을 충실히 따랐다. 1923년 현재, 한국 교회는 3,254개의 예배당을 지었는데 그중에서 약 50곳 정도만 건축비의 삼분지 일의 외국 지원을 받을 뿐 3,200개의 교회는 자력으로 예배당을 지었다.[6]

이 원칙은 한국에서뿐 아니라 한국 교회의 최초 타문화권 선교인 중국 산동성 선교에도 채용되었다. 처음 파송 받았던 3명의 선교사는 현지인들을 지원하고 교회를 세울 재정을 요청했으나 한국 교회는 이것을 받아들이지 않았다.[7] 1919년에 새로 파송된 한국 선교사들이 그들의 사역지인 산동성에 여러 교회를 세웠는데, 이것들은 모두 중국인 성도들의 헌신과 섬김으로 된 것이다.[8] "물론 이 예배당들은 교인들에 의해 건축되었다."[9] 네비우스 원칙은 한국에서만 가능했던 것이 아니고, 유급 현지인 대리자의 사역과 선교사의 재정을 사용하는 소위 옛 방식이 주를 이루던 중국에서도 가능했다.[10]

존 네비우스는 선교사가 아닌 현지인 주도의 타문화권 교회 개척을 주장했다. 그는 선교사의 역할을 초기에 복음을 전하고, 성도들에게 전도를 권면하고, 현지 교회 지도자들을 양육하는 것으로 보았다. 그는 현지 성도들이 주도적으로 교회를 설립하고, 목회자를 세우고, 예배당을 건립해야 현지 교회가 건강하게 성장할 수 있다고 생각했다.

네비우스 전략에 대해 들어 보지 못한 한국 선교사가 없다고 해도 과언은 아닐 것이다. 1960년대와 1970년대 각 1건의 학위 논문 이후, 네비우스 전략을 연구한 학위 논문들이 1985년 이후 국내외에서 현재까지 지속적으로 발표되고 있다. 한국교육학술정보원의 홈페이지에서 "네비우스"로 검색했을 때, 1985년 이후 2018년까지 총 146편의 석박사 논문이 검색되었다.

한국 선교 공동체 구성원 가운데에는 네비우스 전략을 긍정적으로 평가하는 한편, 오늘날의 선교 현장에는 적용이 적절하지 않는 것으로 보는 이들도 있다. 예를 들면, 김경원은 한국 교회의 인식 부족으로 네비우스 전략을 타문화권에서 실천하기 힘들다고 보았다.11)

네비우스 전략에 대해 정확히 이해하지 못하는 이도 있다. 네비우스 전략은 현지인들의 자립, 자치, 자전에 관한 것이지 선교사가 재정 후원으로부터 독립하는 것을 주 내용으로 하지 않는다.

> 네비우스 선교 정책 중에서 의료 사업은 재정적 문제를 해결하는 한국 선교의 초기의 모습이라 할 수 있다. … 두 사람의 전도자와 한 사람의 의사를 보내는 것으로 개척하는 것이 장로회 선교회의 정책이었다. … 세브란스 의과대학은 1907년 최초의 의대생들을 졸업시키

기도 하였다. 이들은 자신들의 전문직에서 성과를 이루었고 이들을 통해서 선교회는 확장될 수 있었다.[12]

네비우스 전략에 동의하지만, 현장에서 적용하지 않는 이들도 있다. 박기호에 따르면, 필리핀에서 같이 사역했던 동료들 가운데에 네비우스 원칙에 동의하면서도 "사역 초기에는 자유롭게 현지인들을 고용하여 사역을 촉진시킨 다음 점차적으로 자치, 자립, 자전하는 교회로 발전시켜 나가자는 의견"[13]을 가진 사람들이 있었다고 한다. 네비우스 전략에 대해서는 동의하지만, 자신의 사역지에는 맞지 않는다고 말하는 선교사들을 필자도 여러 번 만났다.

3. 데이비드 헤셀그레이브의 이론

데이브드 헤셀그레이브를 빼고 타문화권 교회 개척 이론을 말할 수 없다. 2018년 5월에 소천한 헤셀그레이브 박사는 12년 동안 일본 선교사로 사역한 뒤에 미국 트리니티복음주의신학교에서 선교학 교수로 수십 년간 가르쳤다. 그가 저술한 책 가운데 하나가 『타문화권에 교회 개척하기 *Planting Churches Cross-culturally*』이다. 이 책이 우리말로 번역되지 않은 것은 안타까운 일이다. 하지만, 헤셀그레이브에게 배운 한국 선교학자들에 의해 그의 이론이 간략하게나마 한국 선교계에 소개되었고, 적잖은 한국 선교사들이 그의 이론을 간접적으로 접할 기회를 가졌다.

그는 선교를 복음을 선포하고 사람들이 예수님의 제자가 되도록 돕고 교회의 구성원이 되게 하는 것이라고 보았다.[14] 이런 점에서 그는 도날드 맥가브란과 매우 유사하다. 그는 바울의 교회 개척 방식을 분석하고, 이것을 기초로 해서 열 단계의 교회 개척 이론을 구성했다.

1단계: 선교사 파송
2단계: 선교지 사람들 접촉
3단계: 복음 전달
4단계: 복음 들은 사람들의 회심
5단계: 믿는 이들의 회집
6단계: 믿는 이들의 믿음 확증
7단계: 지도자를 구별하여 세움
8단계: 현지인에게 권한 이양 및 사역 지속
9단계: 선교사-현지인 관계 및 소통 지속
10단계: 선교사 파송 교회에 보고

헤셀그레이브의 타문화권 교회 개척 이론에서 중요하게 다룬 것은 선교사와 현지인들의 역할이다. 그는 자신의 이론에서 선교사가 선교지에 도착해서 불신자들을 만나 복음을 전하고 신앙을 가진 이들을 불러 모아 제자 훈련을 하고 이들 사이에서 지도력을 갖출 수 있도록 돕는 것, 이 일련의 과정을 다루었다. 현지인들이 어떻게 불신자에서 신자로, 추종자에서 지도자로, 복음 수용자에서 복음 전파자로 변화할지에 대해 그는 많은 관심을 가졌다. 그는 선교사-현지인 관계, 선교사-파송 교회의 관계에 대해서도 비교적 자세히 언급했다.

그의 이론에서 예배당 건축은 중요한 이슈가 아니다. 그가 교회 개척에서 중요하게 본 것은 복음 전달과 제자 양육과 성도들의 모임으로서의 교회를 세우는 것이다. 원래의 의미를 유지하면서도 청자가 이해할 수 있도록 복음을 전하는 것이 중요한 것이다. 복음을 듣고 회심한 이들을 양육하는 것이 중요한 것이다. 성도들의 모임으로서의 교회가 질적으로 양적으로 성장하는 것이 중요한 것이다. 하지만, 예배당 건축은 그의 이론에서 우선순위에 들지 않았다.

그의 이론에서 예배당 건축과 관련된 내용을 정리하면 다음과 같다. 헤셀그레이브는 재정과 관련해서 롤랜드 알렌의 주장에 동의한다. 외부의 재정과 자원이 선교지에 유입되는 것을 경계했던 롤랜드 알렌은 재정을 포함한 자원들이 선교지의 사람들에게 어떻게 영향을 주고, 이것이 복음 전파에 긍정적으로 혹은 부정적으로 작용할지에 대해 고려하는 것이 매우 중요하다고 보았다.[15] 이러한 알렌의 견해에 동의하는 헤셀그레이브는 선교사들이 자원을 외부에서 너무 많이 유입함으로써, 선교지의 성도들에게 자신들이 할 것은 별로 없다는 생각을 가지도록 해서는 안 된다고 강조했다.[16]

헤셀그레이브는 예배의 장소, 즉 예배당에 대해 세 가지 측면에서 언급하였다. 성경적으로, 하나님을 예배드리는 데 있어서 특정 장소 혹은 특정 건물에서만 해야 할 필요가 없다.[17] 현상적으로 보았을 때, 그는 예배당의 유무는 개척된 교회가 잘 정착하는데 큰 영향을 끼친다고 지적했다. 그는 예배당 건축 혹은 구매의 문제는 새로 조직된 교회의 성도들에게 심리적으로 큰 짐을 줄 수 있는데, 교회 개척을 지원한 교회나 사람들이 일종의 지원을 약속하면 선교지의 성도들에게 큰 격려가 될 수 있다고 제안했다.[18]

앞에서 보았듯이, 헤셀그레이브의 교회 개척 이론에서 예배당에 대한 언급은 매우 적다. 그에게 교회는 성도들의 신앙 모임이고, 예배당은 이것을 위한 물리적 공간이기 때문이다. 현실적으로 예배당이 성도들의 예배와 신앙 모임에서 중요하고, 예배당 건축이 선교지 현지인들에게 심리적으로 어려움을 줄 수 있다고 이해한 그는 예배당 건축 혹은 구매와 관련해서 외부 교회가 선교지 교회를 지원하는 것이 도움이 될 수 있다고 보았다. 한편, 그는 필요 경비의 일부를 지원하겠다고 약속하며 정서적 지지를 하는 것으로 한정하였다.

4. 데이비드 개리슨의 이론

교회 개척 배가 운동(Church Planting Movement, CPM) 이론이 우리나라에 소개된 지 거의 30년이 다 되어가고 있지만, 이 이론은 주로 침례교단 소속의 선교사들을 중심으로 소개되었다. 물론,

2005년 이후에 타교단의 선교사들도 데이비드 개리슨의 『하나님의 교회 개척 배가 운동』을 통해 이 이론을 접할 수 있었다. 국내에서 이 이론에 대한 연구도 주로 침례교 선교학자들에 의해 이루어졌다.

이 이론의 배경은 세계 여러 곳에서 자연스럽게 교회가 빠르게 증가하는 현상과 미국 침례교단이 이 현상들의 공통 요소들을 정리하고 의도적으로 사용하게 된 것이다.

> 1980년대 후반을 거치면서 미남침례교회 국제선교부(IMB)는 전 세계의 여러 선교 현장에서 특이한 교회들의 증가 현상을 발견하게 되었다. 이 현상은 단순한 교회 성장이라는 개념으로 설명하기에는 독특한 면들을 가지고 있었다. 이러한 교회의 증가 현상들을 분석하는 가운데 점차 공통적 요인들을 발견하게 되었고 이 요인들을 모으면서 이에 집중적으로 하나의 가시적인 선교 전략이 형성되어지기 시작하였다. 그리고 이 선교 전략을 CPM이라고 지칭하게 되었다.[19]

게리슨에 따르면, 이 운동이 아시아, 아프리카, 남미 등 다수 세계는 물론 유럽과 북미에서도 발견된다.[20]

게리슨은 교회 개척 배가 운동을 "한 종족 그룹이나 혹은 행정 구역을 통괄하여 교회를 개척하려는 토착 교회들의 급속한 배가 증식 운동"[21]이라고 정의한다. 그는 이 운동이 다음과 같은 다섯 가지 특징을 지니고 있다고 한다.[22]

첫째, 이 운동은 빠르게 재생산된다. 둘째, 이 운동은 교회의 숫자를 많이 늘린다. 셋째, 이 운동은 토착적 교회를 생산한다. 넷째, 이 운동은 개척된 교회들이 교회를 개척한다. 다섯째, 언어와 문화를 공유하는 범위 내에서 일어난다.

이 이론은 다섯 단어의 첫 글자들을 모아 만든 POUCH 원리를 사용한다.[23] P는 Participative Bible Study(참여적 성경 공부), O는 Obedience(섬김의 순종), U는 Unpaid lay leadership(무보수 평신도 지도자), C는 Cell group(소그룹 모임), H는 House church(가정 교회)를 말한다.[24]

이 원리들에서 볼 수 있듯이, 목회 사례비를 받지 않는 평신도 지도자들이 소그룹 모임들을 통해 성도들이 참여하는 성경 공부를 이끌며 섬김의 순종을 모범 보이는 가정 교회들을 설립하는 것이 이 이론의 핵심 내용이다. 이 이론이 추구하는 교회 개척의 목표는 3년 만에 1마리의 새끼 코끼리를 낳는 것과 같은 전통적 교회 개척 방식이 아니라 3년 만에 기하급수적으로 증가해서 4억 7,600만 마리의 새끼를 낳는 토끼 번식 방법처럼 재생산하는 교회들이다.[25]

1993년에 10개 교회에 불과했던 캄보디아 침례교회가 미국 남침례교회의 지원을 받으며 교회 개척 배가 운동 이론을 사용한 결과, 불과 5년 뒤인 1997년에 123개 교회가 되었다고 한다.[26] 한편, 미국 남침례교회가 2004년에 지원을 중단하자 2년도 되지 않아 "약 50여 개 남아 있고 그 외에는 모두 다 와해가 된 상태이다."[27) 안희열은 폭발적 성장을 하던 캄보디아 침례교회가 급락하게 된 이유로 두 가지를 꼽았다. 선교사는 주로 행정을 할 뿐 성도들과 삶을 나누며 이끌지 않았고, 선교사의 재정 지원에 현지인들은 자립하기보다는 의존적이 되었다.[28)

이 교회 개척 이론은 선교지 교회의 예배당 건축 지원을 어떻게 이해할까? 이 이론은 예배당 건축을 강조하지 않는다. "사실 CPM은 미전도 종족 선교를 감당하기 위한 전략으로 만들어졌기 때문에 '건물'이 아닌 '사람' 위주의 교회 개척 방법을 선호한다."[29) 이 점에 대해 안희열은 이렇게 말한다.

> 선교사가 먼저 현지인들이 모일 공간(혹은 목장)을 자기 돈으로 구입하지 말라는 것이다. 일반적으로 선교사들은 … 선교 센터를 구입하는 경우가 많다. 우선 큰 집이나 사무실을 하나 사서 현지인들을 그곳에 모이게 한다. 이것은 마치 19세기와 20세기에 서구 선교사들이 사용했던 '선교 기지(mission station)'와 아주 흡사하다.[30)

이 교회 개척 이론은 선교지의 교회들이 주체가 되어 자신들의 가용한 자원을 사용하며 교회를 개척하는 것을 지향한다. 이 이론은 외부인에 의해 시작된 교회 개척은 빠르게 현지화되어 스스로 교회를 운영하며 다른 교회들을 개척하는 것을 제안한다. 캄보디아의 경우처럼, 선교사의 재정 지원에 현지 교회가 의존하게 되면 교회 개척 배가 운동의 동력을 잃게 된다. 이상의 내용을 모두 고려할 때에 이 이론은 외국 교회가 선교지의 교회에 예배당 건축 지원을 하는 것을 부정적으로 본다.

5. 톰 스테픈의 이론

톰 스테픈은 새부족선교회(New Tribe Mission) 소속 선교사로 필리핀 이푸가오 부족과 함께 생활하며 20년 넘게 교회 개척 사역을 했다. 그는 1990년대 초반에 미국 바이올라대학교에서 선교학 박사 과정을 공부했고, 타문화권에서 어떻게 교회 개척을 할 것인지에 대한 주제로 학위 논문을 저술했다. 그의 박사 논문은 이후에 『타문화권 교회 개척 *Passing the Baton*』으로 출간되었고, 우리나라에도 번역되어 소개되었다. 그는 1990년대 중반부터 수년 전에 은퇴할 때까지 바이올라대학교에서 선교학을 가르쳤다. 그는 지금도 저술과 강연을 왕성하게 계속하고 있다.

그의 타문화권 교회 개척 이론의 가장 큰 특징 두 가지는 사역을 어떻게 마칠 것인가에 대한 관심과 단계별로 적절한 사역을 해야 한다는 강조이다. 즉 입구 전략 중심이 아닌 출구 전략 중심이고, 시기에 따라 선교사의 역할 변화가 있어야 한다는 점이다. 현장 경험에 토대를 둔 그는 선교사가 사역지를 떠난 뒤에도 현지인 성도들이 자립과 자치를 할 수 있을 뿐 아니라 자전까지 할 수 있도록 단계별로 지도하고 양육하는 이론을 제시했다. 그의 이론에서는 예배당 건축을 언제 그리고 누가 해야 할지 등에 대한 구체적인 언급은 없다. 다시 말해, 그의 이론에서 예배당의 중요성은 매우 적다고 할 수 있다.

한편, 선교지에서 예배당 건축을 경험했던 그는 아래와 같이 설명했다.[31] 그가 사역한 부족은 공동체 중심의 사회였고, 성도들은 예배당 건축에서 내부인과 외부인 모두가 협동의 수고를 해야 한다고 생각했다. 필리핀 이푸가오 지역에서 성도가 늘어나자, 결국 예배당을 건축하는 문제가 대두되었다. 이 지역의 다른 개신교인 공동체들도 예배당을 가지고 있었고, 예배당이 없는 것은 이단으로 이해되었기 때문에 예배당을 건축하기로 했다.

여러 마을에서 대표들이 모여서 어디에 예배당을 지을지를 놓고 회의를 해서 건축 장소를 결정했다. 이때, 자신의 마을에 예배당을 건축하지 못하게 된 사람은 마음의 어려움을 겪기도 했다. 성도들이 나무를 직접 베어 와서 예배당을 건축했다. 선교사인 그는 신앙 공동체의 일원으로서 예배당 건축에 들어가는 데 필요한 건축 재료인 지붕과 못을 헌금했다. 예배당 건축은 선교지 성도들이 결정하고 주도적으로 실천하고, 선교사는 공동체의 일원으로 보조적 역할을 하는 것이 그의 이론과 궤를 같이 하고 있다고 볼 수 있다.

6. 박기호의 견해

박기호는 일찍이 필리핀에서 15년 동안 교회 개척과 신학 교육 사역을 했다. 그 후로 최근까지, 그는 미국 풀러신학교 선교대학원에서 많은 한국인 선교사에게 선교학을 가르쳤다. 그는 2005년에 『타문화권 교회 개척』을 저술하고, 한국 선교사들에게 건강하고 재생산을 하는 토착 교회를 어떻게 개척할지에 대해 소개했다.

한국 선교사들을 많이 접한 그는 이들이 타문화권 교회 개척을 할 때 잘못을 많이 하고 있다고 평가했다. 그는 한국 선교사들이 타문화권 교회 개척에 대해 잘 모르고 있는 것이 그 원인이라고 보았다. 그는 선교지 교회가 "의존적이고 무기력한 교회들"[32]인 것은 선교사들이 잘못된 방법을 사용하기 때문이라고 지적하기도 했다.

박기호는 선교지에 건강하고도 재생산하는 토착 교회를 세우는 것을 교회 개척의 목표로 보았다.[33] 그는 프론티어스선교회의 설립자인 그레그 리빙스턴의 교회 개척의 정의를 따른다.

> 복음을 전하는 일, 결신자들을 제자로 삼는 일, 사역을 위하여 훈련시키는 일, 그 교회를 위한 현지인 지도자를 세우는 일 등을 포함하여 그 교회를 개척한 사람이 그곳을 떠날지라도 그 교회가 건강하게 성장하며 재생산하도록 발전시키는 전 과정을 의미한다.[34]

박기호는 사도 바울, 존 네비우스, 허버트 케인, 도날드 맥가브란, 멜빈 핫지스, 찰스 브룩, 조지 패터슨의 교회 개척 원리와 방법들을 소개하며 현지인 중심의 교회 개척을 제안했다. 그는 선교지 교회 개척을 선교사의 잣대와 방식으로 할 것이 아니라 현지인들의 눈높이에서 현지인의 방식으로 하는 것이 바람직하다고 보았다. 선교사에게는 필요한 것 혹은 유용한 것으로 보이는 것이어도, 현지인에게는 과도한 것이 될 수 있고 또 불필요한 것이 될 수 있다.

　박기호는 돌봄이 선교지 교회 개척에서 필요한 요소이지만 보호 혹은 과도한 돌봄은 선교지 교회에 부정적인 영향을 준다고 지적했다. "모든 불필요한 돌봄은 교회에게 해가 될 뿐이다."[35] 그는 자신의 이러한 주장의 근거로, 바울이 선교지의 교회를 재정적으로 돕기보다는 선교지 교회가 바울을 도왔던 사례들과 역사적으로 교회가 고난과 핍박 속에서 성장했던 사례들을 제시했다.[36]

　박기호는 선교사들이 선교지 교회를 위해 예배당을 건축하는 것을 강하게 비판했다.

> 외국 돈으로 … 외국식의 예배당을 마련해 주거나 예배 형식을 심어서는 안 된다. 얼마나 많은 선교사가 자연스럽게 성장해 가는 토착 교회의 성장을 방해하고 해를 끼치는 사역을 하고 있는지 모른다.[37]

　그는 선교사들이 선교지 교회의 성도들의 소득 증대를 위한 도움을 줄 수 있다고 보았다. 하지만, 이들의 교회에 대한 재정적 부담을 대신 짊어지는 것은 반대했다.

> 무분별한 물질적 지원은 토착 교인들의 자립심을 꺾고 의존심을 길러 줄 수 있으며 결과적으로 그들의 존엄성과 자유를 해칠 수 있다.[38]

그의 글의 전체적 맥락에서 볼 때, 한국 선교가 선교지에 예배당을 건축해 주는 것은 바로 "무분별한 물질적 지원"이라고 할 수 있다.

7. 크레이그 오트와 진 윌슨의 견해

가장 최근에 소개된 타문화권 교회 개척 이론을 소개한 크레이그 오트와 진 윌슨은 외부의 재정이 선교지 예배당 건축에 사용되는 것에 대해 매우 조심해야 한다는 입장이다. 이들은 선교지의 성도들이 가난해서 예배당을 건축할 때 힘들어 할 수 있음을 충분히 인지한다. 한편, 외부 재정을 이용한 예배당 건축의 부정적인 측면도 충분히 고려한 이들은 선교지에서의 예배당 건축에 외부 재정이 사용되는 것에 대해 우려했다.

이들은 선교지의 예배당 건축에 대해 다음과 같이 정리했다.

> 신생 교회가 건물을 구매하거나 세우기 위해 외부의 자금을 사용하는 것을 고려할 때, 많은 지혜가 필요하다. 역사적으로 교회들이 성장하기 위해 부동산이 필요하지는 않았다. 부동산을 소유한 교회로부터 파송 받은 선교사들은 때때로 건물은 교회 생활에서 중요한 요소라고 생각한다. 한편, 여러 사회의 새 신자들은 예수님을 따를 때 가족에게 배척당하고 자신의 직업을 잃는다. 어떤 이들은 자신이 먹을 음식의 대부분을 직접 기르며 하루하루 살아서 교회 예배당은 둘째 치

고 자신의 집도 없다. 따라서 모든 기독교 공동체가 자신만의 특별한 건물을 소유해야 한다는 기대가 있으면, 교회 개척은 더디어지거나 멈출 수 있다. 교회의 유기체적 재생산이 손상을 입는다. 모이는 장소가 중요하지 않다는 의미는 아니다. 건강한 패턴은 교회가 일단 있는 것으로 시작하고 영적으로 재정적으로 성숙하게 성장한 뒤에 부동산을 소유하는 것이다. 교회 배가 운동에서 예배당이 있다고 한다면, 대개 현지의 재료와 자원을 사용해 세운 예배당들이다. 그렇지 않으면 오직 외부인들만이 예배당을 지을 수 있고 현지인들이 건축한 건물들은 열등하다는 생각이 쉽게 자리 잡을 수 있다.[39]

이들은 이어서 선교사를 파송한 교회가 피선교지 교회와 재정을 공유하는 이슈에 대해 긍정적인 면과 부정적인 면을 모두 고려한 뒤에, 한 가지 원칙을 제안했다. 이 원칙은 장기적 관점에서 선교지의 교회에 유익이 되는 범위 안에서 세계 교회가 동역하는 것이다.[40]

8. 나가는 말

많은 선교사를 만나고 동역하고 가르쳤던 박기호의 말이다.

적지 않은 수의 선교사들이 타 문화권에 가서 교회를 개척하는 사역을 할 때, 그 구체적인 목적과 방법을 알지 못한다. 그들은 과거의 선교사들이 사용한 방법들을 답습하거나 현지의 특성을 고려하지 않고 자국에서 교회를 개척할 때와 같은 방법을 사용하는 경향이 있다. 과거에 일반 선교사들이 사용하는 방법은 현지인 신자들을 채용하여 그들에게 봉급을 주며 일하게 하고, 자신들이 선교지를 떠날 때까지 선교지 교회를 주관하고, 현지 교회에 필요한 경비를 조달하므로 현지 교회들을 선교사에게 의존하는 교회로 만드는 것이었다. 이러한 교회들은 결국 무력하고 재생산을 하지 못하는 교회로 남게 된다.[41]

한국에 소개된 타문화권 교회 개척 이론들은 선교사 의존적인 교회를 지양한다. 복음을 전할 현지인이 없거나 적은 복음화율이 낮은 지역에서는 선교사가 초기에 주도적으로 사역하게 된다. 선교사의 섬김을 통해 회심한 사람들이 나오고 신앙이 깊어지는 성도들이 생겨나며 교회가 설립되면, 예배당 건축을 포함해서 교회 운영을 현지인들에게 맡기라고 우리가 살핀 타문화권 교회 개척 이론들은 제안한다.

네비우스, 헤셀그레이브, 스테픈, 개리슨, 박기호의 이론은 선교지 교회에 예배당이 필요 없다고 말하지 않는다. 이들의 강조점은 건축물이 아닌 성도들의 모임으로서의 교회에 있다. 이들은 전도를 어떻게 준비하고 실제로 할 것이며, 제자 훈련을 어떻게 준비하고 실제로 할 것이며, 교회 설립을 어떻게 준비하고 실제로 할지에 대해 관심을 가졌다.

모이는 장소인 예배당과 예배당 건축을 선교사가 어떻게 할 것인가에 대한 언급은 매우 간략하다. 필요한 경우, 이들은 일상생활과 구별된 종교 예식만을 위한 공간으로서의 예배당을 현지 교회가 마련할 수 있을 뿐 아니라 마련해야 한다고 보았다. 예배당 건축을 지원하는 점에 있어서는 모두 부정적이었다. 물론, 헤셀그레이브와 스테픈은 선교사도 예배당 건축에 일부 재정적 도움을 줄 수 있다고 보았다. 이들이 고려하는 선교사의 재정적 도움의 정도는 상징적 수준의 도움을 의미하지 예배당 건축의 가능 여부를 결정할 정도의 도움이 아니다. 선교사도 한 교회 내에서 함께 신앙생활을 했으니 예배당 건축에 참여하는 것은 자연스럽다. 기본적으로, 선교지의 교인들이 외국 교회 혹은 선교사의 재정적 도움 없이 예배당 건축을 할 수 있어야 한다.

여기에서 소개된 이론들과 달리, 한국 교회와 선교사들 가운데에는 교회 개척과 예배당 건축을 동일시할 정도로 예배당 건축을 중요하게 생각하는 이들이 있다. 원중권은 아르헨티나에서 교회 개척을 하는 것에 대해 논할 때에 교회 개척과 예배당 건축을 분리하지 않는다.

교회 개척 사역의 문제는 첫째로 경제적으로 고비용의 선교 사역이다. 실제로 교회를 개척하기 위해서 먼저 부지를 구입해야 하고, 건축해야 하는데 이 과정에서 많은 선교비가 들게 된다. 그래서 현지인만을 대상으로 하는 선교사들도 쉽게 교회 건축을 하지 못하고 있다. 특히 현지의 물가를 고려해 볼 때, 아르헨티나 경우 교회를 개척해서 건

축하는 사역이 그렇게 쉽지 않다.[42)]

　이런 생각이 한국 선교 공동체에 넓게 퍼져 있다는 것은 공공
연한 사실이 아닌가!

　한국 교회와 선교사들에게 소개된 이론들은 한국 교회와 한국
선교사가 선교지 교회에 예배당 건축을 지원하는 것을 지지하지
않는다. 이 이론들에서 예배당 건축은 핵심 요소도 아니며 필수적
인 단계도 아니다. 이 이론들은 현지인들에게 예배당 건축이 필요
할 경우, 이것은 이들에게 적절한 수준에서 이루어 예배당 건축이
현지 성도들이 중심이 되어 이루어져야 한다. 이것이 선교사 주도
로 이루어지는 것은 적절한 것이 아니다. 특별히 한국 교회와 선
교사의 도움 없이 예배당 건축이 매우 어렵거나 불가능하다면, 선
교지 교회의 예배당 건축을 지원하는 것을 재고해야 한다.

　과연 한국 교회와 선교사의 선교지 예배당 건축 지원의 근거는
무엇인가? 이것의 성경적 근거가 무엇인가? 이것의 이론적 근거
는 무엇인가? 만약 한국 교회에 소개된 이론들이 현장 사례들을
반영하고 있지 못하다면, 이것을 보여 주는 충분한 사례들이 필요
하다. 그리고 선교 현장의 변화들을 반영하는 새로운 이론을 제시
하는 것이 적절하다. 그렇지 않다면, 타문화권 교회 개척의 이론
들을 진지하게 검토하고 연구하기를 한국 교회와 선교사들에게
제안한다.

주 ————————————————

1) 2019년 2월 초, 인터넷 서점인 예스24에서 "교회 개척"으로 검색했다.
2) 박기호, 『타문화권 교회 개척』(서울: 개혁주의신행협회, 2005).
   데이비드 게리슨, 『하나님의 교회 개척 배가 운동』 이명준 역 (서울: 요단출판사, 2005)
   톰 스테픈, 『타문화권 교회 개척』 김한성 역 (서울: 토기장이, 2011).
3) Everett N. Hunt, Jr, "The Legacy of John Livingston Nevius", *International Bulletin of Missionary Research* (July, 1991), 122.
4) 곽안련, 『한국 교회와 네비우스 선교 정책』 박용규·김춘섭 역 (서울: 대한기독교서회, 1994), 24.
5) 곽안련, 『한국 교회와 네비우스 선교정책』, 151.
6) 곽안련, 『한국 교회와 네비우스 선교정책』, 151.
7) 곽안련, 『한국 교회와 네비우스 선교정책』, 292-295.
8) 곽안련, 『한국 교회와 네비우스 선교정책』, 295-297.
9) 곽안련, 『한국 교회와 네비우스 선교정책』, 297.
10) 곽안련, 『한국 교회와 네비우스 선교정책』, 25.
11) 김경원, 「말레이시아 선교 전략 연구: 종족별 교회 개척 및 단계별 선교 사역을 중심으로」 총신대학교 선교대학원 석사학위 논문 2012년., 46.
12) 이종화, 「중앙아시아와 러시아 자립 교회 개척과 성장을 위한 전문인 사역 선교 방향과 방안」 총신대학교 선교대학원 석사학위 논문 2016년., 38.
13) 박기호, 『타문화권 교회 개척』(서울: 개혁주의신행협회, 2005), 12.
14) David J. Hesselgrave, *Planting Churches Cross-Culturally: A Guide for Home and Foreign Missions* (Grand Rapids, MI: Baker Book House, 1980), 41.
   톰 스테픈의 『타문화권 교회 개척』은 우리말로 번역되어 있다.
15) Roland Allen, *Missionary Methods: St. Paul's or Ours?* (Grand Rapids: Eerdmans, 1962), 49
   David J. Hesselgrave, "Planting Churches Cross-Culturally", 113에서 재인용.
16) David J. Hesselgrave, "Planting Churches Cross-Culturally", 113.
17) David J. Hesselgrave, "Planting Churches Cross-Culturally", 298.
18) David J. Hesselgrave, "Planting Churches Cross-Culturally", 293.
19) 이현모, "CPM 선교 전략의 이해와 비평 그리고 한국 선교에의 적용", 『복음

과 실천』 33(1) (2004), 160, 159-179.

20) 데이비드 게리슨, 『하나님의 교회 개척 배가 운동』 이명준 역 (서울: 요단출판사, 2005), 41-196.

21) 데이비드 게리슨, 『하나님의 교회 개척 배가 운동』, 27.

22) 데이비드 게리슨, 『하나님의 교회 개척 배가 운동』, 28-30.

23) Pouch는 또한 하나의 단어이기도 한데, 이 단어는 "작은 주머니"라는 의미를 가지고 있다.

24) 안희열, "캄보디아의 교회 개척 운동(CPM)에 관한 평가와 전략적 제안", 『복음과 선교』 6권 (2004), 218.

25) 안희열, "WMTC 가정 교회 이야기", 침례신학대학교 세계선교훈련원 편, 『선교지 교회 개척 이야기』 (대전: 그리심어소시에이츠, 2010), 9.

26) 안희열, "캄보디아의 교회 개척 운동(CPM)에 관한 평가와 전략적 제안", 218.

27) 안희열, "캄보디아의 교회 개척 운동(CPM)에 관한 평가와 전략적 제안", 223.

28) 안희열, "캄보디아의 교회 개척 운동(CPM)에 관한 평가와 전략적 제안", 223-224.

29) 안희열, "WMTC 가정 교회 이야기", 11.

30) 안희열, "WMTC 가정 교회 이야기", 20.

31) 톰 스테픈의 이메일. 2017년 11월 18일.

32) 박기호, 『타문화권 교회 개척』, 11.

33) 박기호, 『타문화권 교회 개척』, 90.

34) 박기호, 『타문화권 교회 개척』, 43.
    박기호는 한국 선교의 초기 선교사일 뿐 아니라 풀러신학교 한국어 과정 교수로 섬기며 많은 한국인 선교사와 목회자에게 타문화권 교회 개척을 가르쳤다. 그는 국내에서도 자주 한국 선교와 타문화권 교회 개척에 대한 특강을 하였다. 따라서 이 주제에 대한 그의 견해를 이해할 필요가 있다.

35) 박기호, 『타문화권 교회 개척』, 121.

36) 박기호, 『타문화권 교회 개척』, 114, 120-121.

37) 박기호, 『타문화권 교회 개척』, 131.

38) 박기호, 『타문화권 교회 개척』, 146.

39) Craig Ott & Gene Wilson, *Global Church Planting: Biblical Principles and Best Practices for Multiplication* (Grand Rapids,MI; Baker Academic, 2011), 387.

40) Craig Ott & Gene Wilson, *Global Church Planting*, 389.

41) 박기호, 『타문화권 교회 개척』, 19.

42) 원중권, 『아르헨티나 선교에 있어서 한인디아스포라 교회의 역할 연구』, 장로회신학대학교 세계선교대학원, 2005년 (석사학위 논문), 84.

제4장

· · ·

타문화권
교회 개척 사례들

1. 들어가는 말

다음 내용들은 선교지 교회 예배당 건축을 위해 헌금했던 한국 교회 성도들의 가슴 뭉클한 사연이다. 이러한 사연을 주변에서 어렵지 않게 찾아볼 수 있다.

"자녀 3명이 준비한 박 집사의 칠순 잔치 비용 2,000만 원에다 은행에서 대출한 1,500만 원을 보탠 돈이다. 부부는 '형편이 넉넉하진 않지만 평생 한 번은 교회를 봉헌하는 게 소원이었다.'라며 '잔치 비용에 대출금까지 더해 몽땅 헌금한 것을 이해해 준 자녀들이 고맙다.'라고 말했다."[1]

"한 70대 노 권사는 장례 비용으로 모아둔 돈을 해외 교회 건축에 헌납했다. 또 암 진단비로 받은 보험금을 모두 미얀마에 교회 건축비로 헌금한 권사도 있었다. 이런 분위기 속에서 서울에서 직장을 다니면서도 주말마다 고향에 내려와 교사와 성가대로 봉사하는 청년도 3명이나 해외 교회 건축에 동참해 세 개 교회 건축을 지원했다."[2]

한 마디로, 한국 교회의 선교지 예배당 건축 지원은 엄청나다. 조금 과장해서, 한국 교회는 지구촌의 대부분 지역을 대상으로 예배당 건축 지원을 한다. 한국 교회의 규모와 예배당 건축 지원은 상관관계가 거의 없다. 선교지 예배당 건축 지원을 부자 성도도 하고 경제적으로 여의치 않은 성도도 한다. 이것을 성도가 개별적으로도 하고, 교회 차원에서도 하고, 전문적으로 하는 단체도 있다. 예배당 건축 지원을 한두 번 하는 성도와 교회들도 있지만, 100개, 200개, 1,000개의 예배당 건축 지원을 하는 개인, 교회들도 있다.

이 장에서, 필자는 선교지 교회를 위해 예배당 건축을 하는 기독교 단체들, 교회들, 개인 성도들의 사례를 살펴보았다. 여기서 소개하는 내용은 이 현상의 일부분이라고 보는 것이 마땅하다. 필자는 2010년 전후부터 보도된 내용들만을 참고해서 여기에 소개했다. 한국 교회의 선교지 교회 예배당 건축 지원의 전체 규모가 얼마나 되는지는 알 수 없다. 그럼에도 불구하고, 한국 교회의 예배당 건축 지원 모습의 일부라도 살펴보는 것은 의미가 있다. 일부의 사례들을 모은 결과, 예배당 건축 지원의 유형도 드러났다.

먼저, 필자는 한국 교회의 타문화권 교회 개척 유형들을 정리해서 소개했다. 그 뒤에 한국 교회의 선교지 예배당 건축 지원을 선교회, 교회, 성도 별로 정리했다. 이어서, 네팔, 스리랑카, 필리핀 그리고 캄보디아에서의 한국 교회의 건축 지원을 보다 면밀히 살펴볼 것이다.

2. 한국 교회의 타문화권 교회 개척 유형들

한국 선교사들은 타문화권 교회 개척에서 일반적으로 직접 개척, 동역 개척, 교회 지원의 방법들을 사용한다.[3]

직접 개척은 선교사가 주도적으로 교회 개척에 나설 뿐 아니라, 실제로 많은 역할을 하는 것이다. 선교 활동이 국가적으로 혹은 사회적으로 제한되는 사회주의권이나 이슬람권에서 사역하는 한국 선교사들에게 주로 찾아볼 수 있다. 선교사들이 협력해서 교회를 개척하는 것도 이 범주 안에 들어간다. 흔히 교회의 규모가 작고 가정집이나 사업장 같은 곳에서 모인다.

동역 개척은 현지 목회자나 신학생들과 함께 교회를 개척하는 방법이다. 교회 개척 제안은 선교사 혹은 현지인이 할 수 있다. 흔히 선교사는 비전을 제시하고 재정을 책임지고 결정권을 가진다. 현지인 동역자는 전도와 제자 훈련 그리고 예배까지 대부분의 사역 활동을 감당한다. 동남아시아와 서남아시아에서 어렵지 않게 찾아 볼 수 있다.

교회 지원은 현지인 목회자의 교회 개척을 지원하거나 현지 교회를 지원하는 방법이다. 현지인 목회자가 거의 독립적으로 교회 개척 사역을 하고, 선교사는 그의 사역을 재정적으로 돕는 것이다. 혹은 이미 설립된 현지 교회의 재정적 필요를 채워 주는 방법이다. 선교사가 이 교회에서 설교를 하거나 교육을 제공할 수도 있다. 하지만, 선교사가 교회 설립에 주도적으로 참여한 것은 아니다.

엄밀히 말하면, 교회 지원을 선교사의 교회 개척 사역이라고 보기 힘들다. 선교사가 현지 교회에 영적 격려와 정서적 격려와 재정적 도움을 제공한다. 해당 교회는 현지인 혹은 다른 선교사에 의해 이미 세워졌기 때문에, 지원하는 선교사가 교회를 세웠다고 하기에는 무리가 따른다. 하지만, 한국 교회의 한 선교 현장 실천가의 지적처럼 한국 선교가 "교회 개척과 예배당 건축을 동일시"[4]하는 모습을 현장에서 어렵지 않게 찾을 수 있다.

한편, 한국세계선교협의회가 매년 제공하는 선교 통계에는 교회 지원도 교회 개척 사역의 범주에 포함된다. 일반적으로 한국 교회는 교회 개척과 교회 지원을 명확히 구분하지 않는다. 흔히 한국 교회는 국내 개척 교회들에 대한 재정 지원 활동을 교회 개척 활동으로 간주한다. 즉, 미자립 교회를 위한 재정 지원을 교회 개척 활동과 동일시하는 심리가 한국 교회에 있다. 이러한 심리가 자연스럽게 타문화권 교회 개척 영역으로 확산되었다.

3. 한국 교회의 선교지 예배당 건축 지원

한국 교회는 선교지 교회의 예배당 건축을 지원하는 것을 교회 개척과 혼용하여 말한다. 아시아와 아프리카의 교회들을 위해, 예배당 건축 지원을 하는 한국 교회를 어렵지 않게 찾을 수 있다. 교회의 창립을 기념하거나 성도의 환갑을 기념하기 위해 해외에 예배당을 건축하는 경우도 쉽게 찾아볼 수 있다. 예배당을 몇 개 짓겠다는 목표로 예배당을 짓는 단체와 교회들과 개인들이 있다. 선교지 예배당 건축 지원이 국내 시골 지역에 예배당 건축을 지원했던 것과 유사하다. 아래에서 선교회와 교회들을 언급한 것은 구체적인 사례들을 통해 한국 교회의 모습을 보려고 한 것일 뿐, 다른 의도는 없으며 이 선교회들과 교회들의 선교적 열정과 헌신은 참으로 귀하다.

선교회들

흥미롭게도 우리나라에 외국 교회의 예배당 건축을 지원하는 선교회들이 있다. 이 선교회들은 전도와 제자 양육 등의 과정 없이 외국의 기존 교회들을 위한 예배당 건축 지원을 주 사역 가운데 하나로 삼는다. 이들은 대개 현지 선교사의 추천을 받아 예배당 건축을 지원한다. 이들은 주로 건축과 관련해서 현지 교회와 협력한다. 이들은 국내의 교회들과 성도들의 재정적 지원을 받아 해외 빈국의 교회들이 예배당을 건축할 수 있도록 돕는다. 이들은 일반적으로 적게는 수백만 원에서 많게는 수천만 원의 비용을 사용한다.

한국 선교사들을 보다 효과적으로 돕는 것을 목적으로 하는 선교회들이 있다. 이 선교회들은 선교사의 생활과 사역을 적극적으로 돕는다. 한편, 선교사들을 지원하는 과정에서 이들이 사역하는 국가의 교회들을 위해 예배당 건축 지원도 적극적으로 나섰다.

네팔선교회는 감리교 군포지방회의 30여 개 교회로 구성되었으며, 네팔에서 사역하는 한국 선교사와 좋은 협력 관계를 오랫동안 이어 오고 있다. 이 선교회는 대규모의 고아원, 학교, 신학대학 등의 건축도 지원했다. 네팔의 한 지역에 100개 예배당 건축 지원을 목표하는데, 2010년 현재 41개 교회의 예배당을 건축하였다.[5] 이후에도 예배당 건축 지원은 계속되어서 예배당 건축을 지원한 교회가 67개로 늘었다.[6]

인도선교회는 부산과 경상남도의 교회들이 모여 2007년 1월에 설립한 단체이다. 이 단체의 목적은 남인도총회 산하 불가촉천민들을 위한 예배당 건축과 교회 지원과 목회자 재교육을 지원하는 것이다.[7] 이 단체는 설립된 해인 2007년부터 인도의 교회들을 위해 예배당을 짓기 시작해 2016년 3월까지 500개의 예배당을 건축하였다. 이 단체는 예배당 건축 비용을 마련하기 위해 17개 회원 교회로부터 월 회비 십 만 원씩 모았으나, 성도들의 헌금이 주 수입원이었다.[8]

> 한국 돈 600만 원이면 인도의 시골 지역에 66㎡(20평) 규모의 교회당을 건축할 수 있는 재료비가 된다. 선교회가 재료비를 보내면 현지인들이 직접 자재를 구입해 짓게 된다. 나머지 건축 비용은 현지들이 십시일반으로 모아 완성한다.[9]

선교지의 교회들에 예배당 건축 지원을 주 사역으로 삼은 선교회들도 있다. 이 단체들은 여러 가난한 나라들을 중심으로 예배당 건축 지원을 하는 것이 특징이다. 빛세계선교회, 세계모든종족선교회, 100교회건축선교회 등이 선교지의 예배당 건축 지원을 주 사역으로 삼고 있다.

빛세계선교회는 유학생 선교를 하던 김석수 목사에 의해 1993년에 설립되었다. 이 단체는 현지인 선교사 파송과 이들을 지원하는 사역을 비롯해서 다양한 사역을 해외와 국내에서 하고 있다. 이 단체의 다섯 가지 해외 사역 가운데 하나가 선교지 예배당 건축이다. 2010년부터 현재까지 총 160개의 예배당을 아시아에는 인도와 필리핀에 그리고 아프리카의 케냐, 우간다, 브룬디, 탄자니아, 르완다, 수단에 자국인 선교사가 설립한 교회의 예배당을 건축했다.[10] 예배당 건축 비용은 한국 교회와 성도들의 헌금으로 충당했다.

세계모든종족선교회도 빛세계선교회와 유사한 사역들을 하고 있다. 이 단체는 예배당 건축 비용이 가난한 나라의 미약한 교회들에게 너무 크지만 서구와 한국의 교회와 성도들에게는 그렇지 않은 점을 강조한다. 이 단체도 한국 교회 재정으로 선교지 교회의 예배당 건축을 지원한다. 2008년 12월 창립한 이래, 이 단체는 지금까지 141개 교회의 예배당을 아시아와 아프리카의 여러 나라에 건축했다.[11]

100교회건축선교회는 사회주의권의 교회들을 위해 예배당 건축을 지원해 왔다. 2017년까지 10년 동안 동북아 국가의 한 종족들을 위해 13개의 예배당을 지어 주었고, 그 뒤 베트남의 교회들을 위해 3개의 예배당을 완공했고 5개의 예배당을 건축하고 있다.[12) 이 선교회는 예배당을 착공할 때와 헌당 예배를 할 때에 선교지의 해당 교회를 방문한다. 한국 교회와 성도에게 후원받은 금액을 모두 현지 교회에 세 번에 걸쳐서 전달한다. 우선 착공할 때에 건축비의 50퍼센트를 현지 교회에 지원하고, 골조 공사가 끝나면 25퍼센트를 선교사를 통해 전달하고, 나머지 25퍼센트는 헌당 예배 때에 전달한다.[13)

100교회건축선교회의 한 관계자는 선교지 교회의 예배당 건축 지원에 대해 부정적인 시각이 있는 것을 인지하고 있다.

> 어떤 분들은 '100교회건축선교회'의 사역을 이해 못하고 조롱하는 분
> 도 있다. 예배당을 지어 주는 일은 헛된 일이라고 말하는 현지 선교사
> 도 있다.[14)

아마도 다른 선교회들도 선교지 예배당 건축 지원에 대해 긍정적인 견해만 있는 것이 아니라 부정적인 견해도 있음을 인식하고 있을 것으로 추측한다.

교회들

지역 교회 차원에서 개별적으로 해외에 예배당 건축을 하는 교회들도 있다. 대부분의 경우는 지역 교회가 파송 선교사 혹은 후

원 선교사의 교회 개척 사역을 지원하는 차원에서 몇 개의 예배당 건축을 한다. 얼마나 많은 교회가 얼마나 많은 예배당 건축 지원을 했는지는 정확히 알 수 없다. 한편, 선교지에 예배당 건축 지원을 많이 하는 것을 목표로 삼은 교회들도 있다.

가장 큰 규모의 예배당 건축 지원을 하는 교회는 연세중앙교회이다. 이 교회는 해외 교회를 위해 1,000개의 예배당을 짓겠다는 비전을 가지고 있다. 이 교회의 담임목사가 2017년 신년 대담에서 1,000개의 예배당 건축 지원 계획을 밝혔다. 윤석전 목사는 예배당 건축 지원이 성령의 감동으로 하게 된 것이고 세계 선교의 "가장 중요한 기초이고 확산이고 동시에 열매"[15]라고 생각했다.

이 프로젝트의 규모가 매우 크다. 이 교회는 대개 예배당 건축에 1,000만 원을 지원한다. "해외 교회 건축을 기획 중인 가난한 나라에서는 1,000만 원으로도 교회를 지을 수 있다."[16] 예배당 건축 1건 당 1,000만 원을 지출할 경우, 1,000개 예배당을 건축하는 데 총 100억 원을 지출하게 된다.

2019년 3월 1일 현재, 이 교회는 890개 해외 교회의 예배당 건축을 지원했거나 지원하기로 결정했다.[17] 이 교회는 나머지 110개 교회도 2019년 내에 선정해서 2020년까지 이 프로젝트를 완료할 계획을 가지고 있다.[18] 총 16개국에서 이 프로젝트가 진행 중인데, 토고, 아이티, 남아프리카공화국, 에스와티니, 코트디부아르에 집중되어 있다.[19] 이 프로젝트의 진행 속도로 미루어볼 때, 애초 계획대로 2020년까지 이 프로젝트를 마무리할 수 있을 것으로 전망된다.

경기도 광명시의 한나라교회(예장 통합)도 국내외에 예배당 건축 지원을 많이 하고 있다. 한나라교회까지 교회 개척을 모두 여섯 번 했던 김상배 담임목사의 영향이 크다. 이 교회의 성도 수는 약 100명 정도이며 이른바 상가 교회임에도 불구하고 국내외 교회의 예배당 건축을 지원한 것이다.[20]

이 교회의 성도들이 희생적으로 헌금했기에 이 일이 가능했다.

> 실제로 한나라교회 성도들 중에는 평생 사업을 통해 벌었던 돈을 십일조로 계산해서 노후 대책으로 장만한 집을 팔아 헌금하고 지금은 조그마한 주택에서 생활하는 사람도 있고, 생활비의 90퍼센트를 헌금하는 사람도 있다. 모두 특출난 직업을 가진 성도들은 아니지만 한나라교회가 이렇게 왕성한 활동을 하며 복음을 확장하는 데 앞장설 수 있었던 근원에는 이러한 결단과 헌신이 있었다.[21]

2013년 현재, 97개의 해외 교회 예배당을 건축하였고 98번째 교회를 네팔에 건축하고 있다.[22]

부산의 동산교회(예장 통합)도 많은 인도 교회가 예배당을 건축하도록 지원했다. 이 교회의 장년 성도는 150명 정도이지만, 교회 재정의 10퍼센트를 선교에 사용해서 10년 동안 80개의 예배당 건축을 지원했다.[23]

2007년부터 교회 재정의 1/10을 원천 징수해 선교비로 사용하기 시작했습니다. 구역 헌금도 1/10을, 모든 기관의 수입도 매월 마지막 주일에 1/10을 선교 헌금으로 내게 했습니다.[24]

20개 안팎의 예배당 건축을 지원한 교회는 여럿 있다. 부여의 대선교회는 설립된 지 100년이 넘었지만, 성도의 다수는 노인들이다. 이 교회는 미얀마 교회의 예배당 건축 지원을 하고 있다. 이 교회는 2014년에 미얀마의 두 교회 예배당 건축 지원을 처음 시작했다. 그리고 2018년까지 모두 아홉 교회의 예배당 건축을 도왔으며 앞으로 총 20개의 예배당을 미얀마에 건축하는 것을 목표로 하고 있다.[25] 군산중앙교회도 2008년부터 10년 동안 17개의 해외 예배당 건축을 지원했다.[26] 작은 농촌 마을에 위치한 구성교회도 4년 동안 17개의 해외 예배당 건축을 했다.[27] 대전영락교회도 교회 홈페이지에 "200개 교회 건축 프로젝트"를 소개하며 지원자를 모집했다.[28]

대형 교회의 부서가 선교지 교회를 위해 예배당 건축을 지원한 경우도 있다. 서울 광림교회의 청년선교국은 해외에 100개의 예배당 건축을 비전의 일부로 삼고, 2000년부터 2015년 1월 현재까지 예배당 40곳을 해외에 지었다.[29]

성도들의 재정 지원

성도들도 타문화권 교회의 예배당 건축 지원을 한다. 다수의 성도는 한 개 혹은 두 개의 예배당을 교회나 선교회를 통해 건축한다. 대개의 경우, 자신에게 특별한 일을 기념하는 방법으로 예배당 건축을 지원한다. 예를 들면, 혹자는 환갑 혹은 칠순 잔치를 대신해서 해외 예배당 건축을 지원한다. 혹자는 직장을 퇴직하며 하나님께 감사의 마음으로 퇴직금의 일부로 타국의 예배당 건축을 지원한다. 혹자는 어려움이나 투병 중에 외국 교회의 예배당 건축을 지원한다. "성도들이 자신의 결혼이나 자녀 결혼, 칠순을 기념해 헌금하면서 교회당을 건축했다."[30]

매우 드문 경우지만, 부유한 성도들이 100개의 예배당 건축이라는 큰 목표를 가지고 대규모로 예배당 건축을 지원하기도 한다.

채의숭 장로는 1992년부터 최근까지 총 109개 교회의 예배당 건축을 지원했다.[31] 그에게는 특별한 사연이 있다. 오래 전에 그가 십 대 후반이었을 때, 출석했던 교회 성도들이 2년에 걸쳐 손수 조금씩 교회를 건축해서 완공했다. 헌당 예배에서 감격에 겨워 목사님이 울고 성도들도 모두 울었는데, 이때 그는 장래에 핍박 받는 교회들을 위해 예배당을 지어 주겠다는 다짐을 했었다.[32] 그는 스리랑카의 한 교회 예배당 건축을 지원한 것을 시작으로, 필리핀, 중국, 인도네시아, 브루나이 등의 교회에 예배당 건축을 지원했다.[33] 그는 100세가 될 때까지 총 200개의 교회에 예배당 건축을 지원한다는 비전을 가지고 있다.

오해일 장로도 100개의 해외 교회에 예배당 건축 지원을 한다는 목표를 가지고 있다. 그는 2006년도에만 13개 교회의 예배당 건축을 재정적으로 지원했다.[34] 그는 2003년에 방문했던 몽골의 한 교회 터에 세워진 천막 교회에서 예배드리는 성도들의 모습에 감동을 받아서 이 비전을 가지게 되었다. 현지 교회의 성도들이 건축비의 10퍼센트를 약정할 경우, 그가 나머지 건축 비용을 지원했다. 그는 건축비를 지원하기 전에 현지 교회를 꼭 방문하고, 건축할 때에 학교와 예배당과 목회자 사택을 모두 짓는다.

한국 교회가 선교지에 얼마나 많은 예배당을 지었는지에 대한 통계는 없다. 앞에서 언급한 단체와 교회와 개인들은 많은 수의 예배당들을 선교지에 건축해서 기사화된 것이다. 선교지에 한두 개의 예배당을 지은 교회와 개인들 수에 대한 통계는 없고 짐작할 수도 없다. 현재로서는, 한국 교회가 선교지에 건립한 예배당의 수는 생각보다 훨씬 많다고 짐작할 수 있을 뿐이다.

4. 한국 선교사들의 선교지 예배당 건축

네팔, 스리랑카, 필리핀, 캄보디아 지역의 교회 개척에 대한 연구를 한 연구자들은 한국 교회와 같은 외부의 예배당 건축 지원에 대해 다소 다양한 견해를 피력했다. 이전의 네팔 감리교회 교단의 교회 개척의 문제점들을 진단한 정형성은 예배당 건축을 전제로 하지 않는 가정 교회 설립을 통한 교회 개척을 대안으로 제시했다.[35] 직접 개척 방법을 사용한 빚진자들선교회의 필리핀에서의 교회 개척을 연구한 김춘자는 선교지의 교회가 자립하기 위해서는 예배당 건축 지원이 반드시 필요하다고 주장한다.[36] "개척 교회가 자체 건물을 가지고 있느냐 없느냐 하는 것은 자립에 있어서 대단히 중요하다."[37]

네팔 감리교회들의 예배당 건축 사례 중에 네팔 교회가 스스로 건축을 한 적이 한 번도 없다. 정형성에 따르면, 네팔 감리교회와 관련된 한국인 선교사들의 교회 개척 형태는 거의 대부분 교회 지원 형태에 속한다.[38] 1997년부터 네팔 기독교인들 중에 어느 한국 선교사의 도움으로 인도, 한국, 싱가포르 등지에서 신학 공부를 한 이들이 있다. 이들은 공부를 마치고 귀국해서 교회를 개척했고, 이들 가운데 일부가 2010년 네팔 감리교 교단이 설립될 때 이 교단에 가입하였다.[39]

정형성에 따르면, 89개 교회 중 50개 교회가 한국 교회의 재정적 도움을 받아 예배당을 소유하고 있다고 한다.[40] 조금 더 자세히 보면, 교회가 건축 부지를 내어놓고 한국 교회가 건축을 지원한 곳이 35개 교회, 임대한 대지 위에 예배당을 건축한 곳이 4개 교회, 대지와 건축 모두를 한국 교회가 부담한 곳이 11개 교회이다.[41] 나머지 39개 교회는 예배당을 소유하지 않고 있다.

현지 교회가 헌금을 일으켜 건축한 교회는 단 한 곳도 없었다. 물론 일부 전체 건축비 중 10-20퍼센트 정도를 담당한 교회들도 있으나 거의 모두 한국 교회의 도움으로 지어졌다. 이중 교회 부지와 건물을 위한 건축비 전액을 지원 받은 교회도 있었고, 두 번이나 교회를 증축

해 준 곳도 있었다.[42]

네팔 감리교회의 예배당 건축에 있어서 한국 교회의 지원에 대한 의존도는 거의 절대적이라고 해도 과언이 아닐 것이다.

이성상은 2000년에 스리랑카 감리교회의 33개 교회 개척에 대해 연구했다.[43] 그에 따르면, 스리랑카의 33개 현지 교회 중에서 10개 교회만이 예배당을 소유하고 있는데, 이들 모두 한국 교회가 지원하였다.[44] 나머지 교회들 중에서 17개 교회는 가정 교회로 모이고 6개 교회의 예배당 소유 여부는 불명확했다. 33개 교회 중에서 3개 교회가 50년 이상의 역사를 가지고 있고 나머지 교회들은 1990년에서 1995년 사이에 개척된 교회이다. 특별히 역사가 오래된 교회 세 곳은 예배당이 있을 수도 있으나 이것에 대한 언급이 없다.

빚진자들선교회의 필리핀 사역은 1990년부터 시작되었으며, "선교 지향적인 100개의 자립 교회 개척"을 목표로 지금까지 총 42개 교회를 설립하였다.[45] 이 선교회의 교회 개척 형태는 직접 개척이다. 김춘자에 따르면, "처음 개척은 주로 선교사가 중심이 되어 현지인 목회자들과 WMS 신학생들이 한 팀이 되어 사역을 시작하게 되며, 교회가 성장함에 따라 대체로 선교사 사역 한 팀 정도(6년) 지나면 현지인 목회자에게 이양을"[46] 한다.

이 단체의 교회 개척은 다음과 같이 이루어졌다.[47] 우선, 선교사가 개신교 무교회 지역 가운데 하나를 선택한다. 그 뒤에 선교사는 현지인 목회자 혹은 신학생들과 함께 그 지역에서 전도하기 시작한다. 세 번째, 이들은 마을 회관 등을 임대해서 예배를 시작한다. 네 번째 단계로, 이들은 최대한 빨리 빈 집을 임대해서 예배와 성경 공부를 할 수 있는 공간을 확보하고 주일 학교 등을 운영한다. 다섯 째, 이들은 한국 교회의 단기 선교 팀을 활용해서 교회를 홍보하며 전도한다.

김춘자는 필리핀의 교인들은 예배당을 건축할 능력이 없으므로 한국 교회 등 외부에서 예배당 건축을 해 주어야 한다고 주장했다. 김춘자는 빚진자들선교회가 지금까지 필리핀에서 개척한 42개 교회 중 36개 교회를 분석했다. 그에 따르면, 36개 교회 중 26개 교회가 예배당을 소유하고 있고, 9개 교회가 예배당을 임대하여 사용 중이며, 1개 교회가 은행 대출을 받아서 예배당을 소유하고 있다.[48] 김춘자는 26개 교회가 어떻게 예배당을 소유하게 되었는지에 대한 직접적인 언급 없이 다음과 같이 설명했다.

예배당의 건축은 반드시 외부의 도움이 필요하다.[49]

그리고 이어서 그녀는 다음과 같이 말했다.

이미 다른 교회들은 모두 선교사들이 건축해 주는 것이 당연시 되고 있는데 우리만 그중에 끼어 네비우스 원칙 운운한다면 오히려 어리석은 일이 될 것이다. 적어도 필리핀에 있어서는 필리핀 교인들에게 자기들의 교회 예배당 건축을 짐 지우는 것은, 적어도 개척 초기에는 힘들 것 같다. 개척 초기에는 한국 교회의 도움을 받아 건축하고 자립을 시키며 … 현재로서는 바람직한 선교 방법이라 생각한다.[50]

캄보디아에서의 교회 개척에 대한 연구들에서도 한국 교회의 예배당 건축 지원에 대해 선교사들이 어떻게 생각하는지 찾아볼 수 있다. 캄보디아 한인 선교사회의 선교역사 연구분과에 따르면, 전체 캄보디아 교회 가운데 예배당을 소유한 교회는 29퍼센트에 불과하다고 한다.[51] 10개 교회 중 3개 교회 정도만이 독립된 예배 장소를 보유한 셈이다. 그리고 전체 교회 예배당 건축의 재원 가운데 89퍼센트는 외국 혹은 외국인 선교사가 조달했고 현지 교회는 11퍼센트를 감당했다.[52] 한편, 10개 교회 중 하나는 현지인이 세운 것인지 아니면 전체적으로 예배당 건축 비용의 평균 11퍼센트 정도를 현지 교회가 부담한 것인지에 대해서는 명확하지 않다. 예배당 건축이 교회 성장에 도움이 되었는지에 대한 질문에 대해 현지 교회와 지도자들 중 56퍼센트가 그렇다고 말했고, 44퍼센트는 그렇지 않았다고 대답했다.[53]

한편, 교회 개척과 예배당 건축에 대해 한국인 선교사들이 어떻게 이해하는지를 알아 볼 수 있는 연구들이 있다. 우선, 캄보디아에서 사역하는 한국인 선교사들의 교회 개척에 대한 관심은 한국인 선교사의 평균을 상회한다. 이증재의 캄보디아 한국인 선교사를 대상으로 한 조사에 따르면, 전체 대상 90명 중 응답자는

30명이었는데, 이 가운데 60퍼센트인 18명이 교회 개척 사역을 주 사역이라고 밝혔고, 76.7퍼센트에 이르는 23명이 교회 개척을 자신의 선교 목표로 보았는데, 이것은 앞에서 살펴보았던 교회 개척 사역을 하는 선교사들의 비율보다 높은 것이다.[54)]

한국 교회의 캄보디아 선교 초기에 대해 비교적 잘 알고 있는 이증재에 따르면, 한국 선교사들은 초기에 "기존 가정 교회와 접촉하여 교회를 건축하는 데 지원하고 지도자들을 지원하는"[55)] 교회 개척 방식을 사용했다고 한다. 고윤석은 캄보디아에서 기독교 학교 설립과 운영을 통해 교회 개척을 하는 것을 제시하기에 앞서서 여덟 가지 선교 전략을 제안했는데, 그 가운데 하나가 교회 개척 지원이었다. 그는 한국 교회와 같은 외부에서 캄보디아 교회의 예배당 건축을 지원하는 것을 긍정적으로 생각했다.

> 현지인들이 스스로 사역을 하면서 선교사들이나 한국 교회의 재정적인 도움을 요청하는 경우가 있다. 즉, 현지 교회 지도자가 자신의 땅을 내놓고 교회 건물은 외부로부터 건축 지원을 받는 케이스이다. 이것도 장려할 방법이라고 생각한다. 한국의 한 교회들이 한 군데씩만 건축해 주어도 많은 현지 교회를 건축할 수 있다.[56)]

5. 나가는 말

한국 교회의 타문화권 선교에서 예배당 건축 지원은 매우 익숙한 모습이다. 한국 선교사가 한국 교회의 재정 지원을 받아 많은 선교지에서 예배당 건축을 지원했다. 한국 교회가 적극적으로 선교지에 예배당 건축을 지원하기도 했다. 물론 이것이 일본, 중국, 러시아, 싱가포르, 유럽, 북미 지역에서는 비교적 적게 목격되는 것도 사실이다. 또한, 아시아, 아프리카, 남미의 많은 지역에서 한국 교회와 선교사의 교회 개척과 예배당 건축 지원도 단순하지가 않다. 그 내용은 매우 다양하고 복잡하다. 따라서 이 이슈를 매우 조심스럽게 접근할 필요가 있다.

그럼에도 불구하고, 한국 교회와 선교사에게 선교지의 교회들을 위한 예배당 건축 지원은 매우 심각한 이슈이다. 선교지에 예배당 건축 지원하는 소식과 이야기는 아주 쉽게 접할 수 있다. 선교사를 지원하는 선교회들도 예배당 건축에 많이 참여했다. 많은 숫자는 아니지만, 한국의 지역 교회들이 개별적으로 예배당을 선교지에 많이 건축했다. 심지어 성도 개인들 중에 100개 예배당 건축 지원을 목표로 삼은 이들까지 있을 정도이다.

아시아의 일부 국가들에서도 선교사들의 현지 교회 예배당 건축 지원이 무척 많았다. 이 장에서 필자는 네팔, 스리랑카, 필리핀, 캄보디아에서의 교회 개척과 예배당 건축 지원에 대한 논문들을 사례들로 사용했다. 이 연구들에서 언급된 교회들 가운데 예배당을 소유한 교회들은 모두 한국 교회의 도움을 받았음을 발견했다. 일부 교회들이 예배당을 건축할 때, 한국 교회나 외국 교회의 도움을 받은 것이 아니라, 모든 교회가 도움을 받았다는 것은 아무리 여러 가지 사정을 고려한다고 해도 지나친 것이고 비정상적인 것이다. 물론, 전체 건축 비용의 일부를 현지 교회가 부담하는 경우들도 적잖았다. 하지만 거의 대부분의 경우에 그것은 무시해도 될 만큼의 적은 비율이었다. 더욱 안타까운 것은 건축을 지원할 때 한국 교회가 기대한 만큼 양적, 질적 성장을 이룬 교회를 찾아보기 어려웠다.

한국 교회와 선교사들의 선교지 교회 개척과 예배당 건축 지원에 대한 이론과 실천의 관계는 물과 기름 같다고 해도 과언이 아니다. 물론, 이론과 현장 사이에 흔히 괴리가 있다. 구체적인 사례들에 기초한 이론이라도 모든 상황과 경우를 고려하지 않았고, 현장도 끊임없이 변화하고 있다. 그러므로 이론과 현장 사이의 어느 정도 간격이 있기 마련이라고 해도 과언이다. 타문화권 교회 개척과 예배당 건축 지원에 대한 한국 교회의 이해와 실천은 서로에게 영향을 끼치는 선순환적 관계가 아니다. 마치 한 지붕 두 가족처럼, 교회와 교회 개척에 대한 이해와 실천은 따로 놀고 있다.

1) 전병선, "칠순 잔치 비용으로 … 군산중동교회 10년 17곳 해외 교회 건축", 「국민일보」(2017년 4월 6일), 2019년 2월 15일 접근.
   http://news.kmib.co.kr/article/view.asp?arcid=0011381810
2) 문혜성, "구성교회, 4년 새 17개 해외교회 건축", 「한국성결신문」(2015년 10월 15일), 2019년 2월 15일 접근.
   http://www.kehcnews.co.kr/news/articleView.html?idxno=24359
3) 아래의 책에서 이 개념들을 정리해서 소개했고, 여기에도 옮겨서 소개한다.
   김한성, 『한국 교회와 네팔 선교』(양평: 아세아연합신학대학교 출판부, 2017), 158.
4) 이증재, "타문화권 교회 개척 설립 연구"(선교학 석사논문, 총신대학교 선교대학원, 2005), 62-63.
5) 곽인, "동전 모아 네팔에 교회 건축", 「기독교 타임즈」(2010년 5월 14일), 2017년 11월 4일 접근.
   http://www.kmctimes.com/news/articleView.html?idxno=30977.
6) 『네팔 선교회 소개』, 2019년 2월 14일 접근.
   http://4891.co.kr/boardManagement/board.asp?bid=bid_9&menuCategory=2
7) 신상목, "맨땅서 예배하는 인도 천민 위해 500개 교회 세웠다", 「국민일보」(2016년 3월 20일), 2017년 11월 4일 접근.
   http://news.kmib.co.kr/article/view.asp?arcid=0923467250
8) 신상목, "맨땅서 예배하는 인도 천민 위해 500개 교회 세웠다".
9) 신상목, "맨땅서 예배하는 인도 천민 위해 500개 교회 세웠다".
10) 빛세계선교회, 「교회가 건축된 곳」(2019), 2019년 2월 14일 접근.
    http://www.lwmkorea.org/board/list.do?iboardgroupseq=2&iboardmanagerseq=10
11) 세계모든종족선교회, 『교회 건축 사역』(2019), 2019년 2월 14일 접근.
    http://www.wupm.org/bbs/board.php?bo_table=board_07&wr_id=154&page=1
12) 하나굿뉴스, "'100교회건축선교회' 선교 현장 보고 - 이해건 장로", 「하나굿뉴스」(2018년 10월 25일), 2019년 2월 14일 접근.
    https://blog.naver.com/gbhana/221384773645
13) 하나굿뉴스, "'100교회 건축선교회' 선교 현장 보고 - 이해건 장로".
14) 하나굿뉴스, "'100교회 건축선교회' 선교 현장 보고 - 이해건 장로".
15) 연세중앙교회, "[연세중앙교회 설립 31주년 기획] 전 세계 72억 영혼을 품은

연세중앙교회", 2019년 2월 15일 접근.

　http://home.yonsei.or.kr/bbs/link.php?bo_table=ysnews&wr_id=449&no=1

16) 연세중앙교회, "[연세중앙교회 설립 31주년 기획] 전 세계 72억 영혼을 품은 연세중앙교회".

17) 손미애, "전 세계 1000교회 건축 프로젝트", 『영혼의 때를 위하여』(2019년 3월 1일), 2019년 9월 17일 접근.

　http://news.yonsei.or.kr/pc/page/subp.html?cd=349r374&mo=_view&seq=40713

18) 손미애, "전 세계 1000교회 건축 프로젝트".

19) 손미애, "전 세계 1000교회 건축 프로젝트".

20) 신태진, "대형 교회들도 힘든 일을… '작은 거인' 한나라교회", 「크리스천투데이」(2011년 7월 27일), 2019년 2월 14일 접근.

　http://www.christiantoday.co.kr/news/248795

21) 신태진, "대형 교회들도 힘든 일을… '작은 거인' 한나라교회".

　정윤석 기자의 기사 "통합측, 김상배 목사 '휴거, 요이똥만 남았다.'"에 따르면, 종말과 휴거를 강조하는 종말론 설교와 재산으로 들릴 수 있는 옥합을 깨는 것을 김 목사가 강조했다고 한다. 만약 이것이 사실이라면, 성도들의 헌금은 선교에 대한 헌신보다는 잘못된 종말론에 대한 반응일 수 있다.

22) 신태진, "한나라교회 새 성전 봉헌, '하나님 앞에 기쁨 될 것'", 「크리스천 투데이」(2013년 6월 24일), 2017년 11월 4일 접근.

　http://www.christiantoday.co.kr/news/ 264760

23) 이수진, "동산교회, 인도 향한 각별한 사랑 십일조 선교로 활짝", 「한국기독공보」(2016년 4월 18일), 2017년 11월 4일 접근.

　http://www.pckworld.com/news/articleView.html?idxno=70838

24) 이수진, "동산교회, 인도 향한 각별한 사랑 십일조 선교로 활짝".

25) 문혜성, "늙은 농촌 교회라고요? 선교하는 젊은 교회입니다", 「한국성결신문」(2017년 6월 28일), 2017년 11월 4일 접근.

　http://www.kehcnews.co.kr/news/articleView.html?idxno=29580

26) 전병선, "칠순 잔치 비용으로… 군산중동교회 10년 17곳 해외교회 건축".

27) 문혜성, "구성교회, 4년 새 17개 해외교회 건축".

28) 대전영락교회 홈페이지의 선교 사역 페이지를 보라.

　http://www.youngrak.net

29) 정택은, "해외에 100개 교회 반드시 건축", 「기독교 타임즈」(2015년 1월 14일), 2017년 11월 4일 접근.

http://www.kmctimes.com/news/articleView.html?idxno=39418

30) 신상목, "맨땅서 예배하는 인도 천민 위해 500개 교회 세웠다".
인도선교회에 건축 헌금을 했던 성도들처럼, 선교지의 교회를 직접 알지 못하는 한국 교회 성도들은 현지의 예배당 건축 지원에 대한 정보를 담임 목회자를 통해 접하게 된다.

31) 김동우, "'100세까지 200곳 교회 짓겠어요' 채의숭 장로의 꿈", 「국민일보」 (2019년 2월 9일), 2019년 2월 14일 접근.
http://news.kmib.co.kr/article/view.asp?arcid=0013053602&code=61221111 &cp=nv

32) 김규진, "세계 100개 교회 세웠지만 … 죽는 날까지 100개 더", 「기독일보」 (2016년 12월 20일), 2017년 11월 4일 접근.
http://www.christiandaily.co.kr/news/%EC%84%B8%EA%B3%84-100%EA%B0%9C-%EA%B5%90%ED%9A%8C-%EC%84%B8%EC%9A%B4-%EC%B1%84%EC%9D%98%EC%88%AD-%EC%9E%A5%EB%A1%9C-%EC%A3%BD%EB%8A%94-%EB%82%A0%EA%B9%8C%EC%A7%80-%EB%8D%94-%EC%84%B8%EC%9A%B8-73122.html

33) 김동우, "'100세까지 200곳 교회 짓겠어요' 채의숭 장로의 꿈".
김규진, "세계 100개 교회 세웠지만 … 죽는 날까지 100개 더".

34) 신동명, "100교회 건축의 '특별한 꿈'", 「기독교 타임즈」(2007년 6월 26일), 2017년 11월 4일 접근.
http://www.kmctimes.com/news/articleView.html?idxno=24219

35) 정형성, 『네팔 선교에 있어서 교회 설립에 대한 연구』, 157.

36) 김춘자, "선교지 개척 교회 자립에 관한 연구"(선교학석사학위논문, 장로회신학대학교 세계선교대학원, 2014), 79.

37) 김춘자, "선교지 개척 교회 자립에 관한 연구", 62.

38) 정형성은 자신의 논문에서 동역 개척의 경우를 밝히기도 했다.

39) 김한성, 『한국 교회와 네팔 선교』, 168.

40) 정형성, 『네팔 선교에 있어서 교회 설립에 대한 연구』, 98.

41) 정형성, 『네팔 선교에 있어서 교회 설립에 대한 연구』, 99.
4개 교회의 부지 임대료를 현지 교회가 부담하는지 혹은 한국 교회가 부담하는지는 정형성의 연구에서 밝히지 않았다.

42) 정형성, 『네팔 선교에 있어서 교회 설립에 대한 연구』, 126.

43) 이성상은 한 항목에서 2-3개 교회의 이름을 거론하기도 해서, 사실 33개 교회를 훨씬 상회하지만 그의 분류를 따랐다.

44) 이성상, "교회 개척을 통한 스리랑카 복음화 전략", 33-43.

45) 김춘자, "선교지 개척 교회 자립에 관한 연구", 42, 48.

46) 김춘자, "선교지 개척 교회 자립에 관한 연구", 42.

47) 김춘자, "선교지 개척 교회 자립에 관한 연구", 49.

48) 김춘자, "선교지 개척 교회 자립에 관한 연구", 56-57.

49) 김춘자, "선교지 개척 교회 자립에 관한 연구", 63.

50) 김춘자, "선교지 개척 교회 자립에 관한 연구", 64-65.

51) 주캄한인선교사회 선교 역사 연구분과, 『캄보디아 선교 역사』(서울: 도서출판 첨탑, 2013), 170.

52) 주캄한인선교사회 선교 역사 연구분과, 『캄보디아 선교 역사』, 171.

53) 주캄한인선교사회 선교 역사 연구분과, 『캄보디아 선교 역사』, 172.

54) 이중재, "타문화권 교회 개척 설립 연구"(선교학 석사논문, 총신대학교 선교대학원, 2005), 53-54.

55) 이중재, "타문화권 교회 개척 설립 연구", 45.

56) 고윤석, "캄보디아에서의 효과적인 교회 개척 모델 연구: 교육과 청소년을 통한"(석사논문, 총신대학교 신학대학원, 2007), 27.

제5장

· · ·

선교지 예배당
건축 지원의 이슈

1. 들어가는 말

　한국 교회와 선교사들은 왜 선교지에 예배당 건축을 지원하는가? 다양한 이유가 있을 것이다. 혹시 선교지의 교회가 규모나 재정 면에서 연약한데, 예배당이 있다면 해당 교회들이 보다 빨리 그리고 쉽게 성장하고 자립할 수 있지 않을까 하는 소망 때문이 아닌가? 한국 교회의 교회 개척 경험도 한 몫을 하지 않는가? 최근까지 한국 교회의 교회 개척은 예배당 중심이었다. 흔히 우리나라에서 교회 개척은 목회자가 상가 건물에서 예배당을 준비하는 것으로 시작한다. 전도도 사람을 예배당으로 인도하는 것이고, 성장은 성도 수와 예배당의 크기와 연결된다. 한국 교회와 선교사들은 이런 문화적 경험을 선교지에서 고스란히 반복한다.

　선교지 교회의 문제와 잠재력에 대한 한국 교회의 이해는 예배당으로 환원되어 있다. 예배당이 있으면 성도 수가 증가할 것이라고 기대한다. 외국 교회와 선교사가 예배당 건축이라는 큰 문제를 도우면, 이후의 작은 문제들은 현지 교회가 스스로 해결하리라고 바란다. 예배당이 교회의 여러 문제를 해결할 것으로 생각한다. 예배당이 교회의 성장을 도울 것으로 생각한다. 현지 교회가 성장해서 전도하는 교회, 선교하는 교회가 되기를 원한다. 하지만, 이 문제가 그렇게 간단하고 바라는 대로 이루어지지 않는다.

물론, 예배당 건축 지원이 발판이 되어 자립하는 교회도 있을 수 있다. 이 경우는 주로 공산권과 일본에서 찾아볼 수 있다. 하지만, 앞의 장에서 살펴본 네팔, 스리랑카, 필리핀, 캄보디아에서는 찾아보기 힘들었다. 인도, 파키스탄, 방글라데시의 경우도 크게 다르지 않을 것으로 보인다. 아프리카의 적잖은 지역도 그럴 것이다. 아시아와 아프리카의 많은 지역에서 예배당 건축 지원을 받은 교회 중에 재정적 독립을 이루었거나 성도의 수가 지속적으로 증가하는 경우는 많이 없다.

2. 여덟 가지 고려 요소

한국 교회와 선교사들의 선교지 예배당 건축 지원은 여러 문제점을 가지고 있다. 한국 교회와 선교사들은 자신의 선한 의도와 기대만큼이나 예배당 건축 지원의 문제점들에 대해 인지할 필요가 있다. 필자는 선교지 예배당 건축 지원의 문제점들을 다음과 같이 여덟 가지로 정리했다.

첫째, 현지 교회 성장에 도움 되지 않는 웃자람을 조장한다. 둘째, 현지 교회의 책임 의식을 저해한다. 셋째, 현지에 기독교는 외국 종교라는 이미지를 준다. 넷째, 한국 교회 재정의 오남용을 불러온다. 다섯째, 선교지 정부와 종교 세력으로부터 불필요한 관심을 불러일으킨다. 여섯째, 현지 교회의 향후 자립 기회를 박탈한다. 일곱째, 선교사가 선교지를 마케팅해서 유익을 본다는 오해를 받는다. 여덟째, 현지 교회 성장에 저해가 된다.

웃자람 현상

겨울이 따뜻하면 보리가 웃자라기 쉽고, 이럴 경우 보리 농사를 망치기 쉽다. "동지가 따뜻하면 보리 농사는 흉작이다." 겨울을 지나며 자라는 보리는 세포에 당분을 저장하며 추위를 극복한다. 보리는 날씨가 추우면 저장하는 당분이 많고 그렇지 않으면 적다. 겨울 날씨가 덜 추울 경우 저장한 당분 양이 적고, 따라서 추위를 이길 힘이 떨어져서 보리는 좋은 결실을 맺기 힘들다.

성장에 도움이 되지 않는 웃자람 현상은 교회에서도 일어날 수 있다. 모든 사람과 인간 조직은 그 성장 시기에 맞추어 적절히 해야 할 역할이 있다. 다 자란 성인에게 부드러운 음식이 적절하지 않은 것처럼, 아직 청소년기를 지나는 이에게 책임을 부과하는 것도 적절하지 않다. 선교지 교회가 아직 돌봄이 필요할 정도로 어린데, 예배당 건축과 같은 막중한 책임을 맡기는 것이나 예배당의 유지 보수의 책임을 지우는 것은 적절하지 않을 수 있다. 다시 말해서, 선교지의 교회가 아직 어려서 예배당을 건축하거나 운영하기에는 아직 시기상조이다.

다른 나라의 교회가 미성숙한 선교지 교회에 예배당 건축 지원을 하는 것은 웃자람을 조장하는 것이다. 적은 수의 성도가 모이는 교회라면 아직 별도의 예배 공간이 필요 없다. 아직 믿음이 깊지 않은 성도들이 대부분이라면 더욱 더 예배당 건축은 시기상조이다. 수십 명 혹은 수백 명의 성도가 모이는 교회이더라도 예배당 건축 혹은 매매 비용의 대부분을 부담할 수 없다면 그 교회는 심리적으로 혹은 영적으로 아직 미성숙한 것이다.

스테픈의 언급처럼, 지속적으로 성장하는 교회라면 어느 교회든지 필연적으로 예배당의 소유에 대한 고민을 하게 된다. 다만 시기가 문제인 것이다.

공주제일교회의 초기 역사에서 볼 수 있는 것처럼 성도 수가 급격히 늘어나면서 기존의 예배 공간이 모두 수용할 수 없는 때에 예배당을 건축할 것인가? 아니면, 소수의 성도가 모일 때 미리 장래를 생각하면서 예배당을 건축할 것인가? 가정 교회로 모이는 성도들을 위해 별도의 예배 공간을 마련할 것인가?

또 하나 중요한 질문은 누가 예배당 건축이 필요하다고 생각할 것인가? 그리고 이 판단의 근거는 무엇인가? 잠시 방문한 단기 선교팀이나 한국 교회 목회자가 허름한 예배당을 보며 건축의 필요성을 느낄 것인가? 선교사가 현지 교회의 예배당 건축이 필요하다고 볼 것인가? 아니면, 현지인들이 늘어나는 성도 수를 감당하지 못해서 예배당이 필요하다고 생각할 것인가? 현지의 실제적 필요에 기반해서 현지인들이 결정하지 않은 채, 외국 교회가 예배당 건축을 지원하면 현지 교회는 웃자라기 쉽다.

이 연구에서 살펴본 예배당 건축 사례들은 교회가 미래에 성장하고 자립하는 데 예배당이 도움이 될 것 같다는 판단을 기초로 하고 있다. 성도 수에 비해 예배 장소가 과도하게 비좁은 것 등, 교회가 예배당을 절실히 필요한 것이 건축 이유가 아니었다. 선교사나 타국 교회가 전도, 제자 훈련, 교회 설립 등의 과정 없이 예배당 건축만을 지원하는 것은 현지 어린 교회의 웃자람을 부추기는 행동이다.

현지 교회가 예배당 건축이라는 큰 문제를 놓고 함께 고민하고 수고하며 문제를 해결해 나가는 것이 바람직한 과정이다. 현지 교회는 이 과정에서 성숙해지고 성도들은 더욱 책임 의식을 가질 수 있는 기회를 얻는다. 이러한 수고 없이 열매를 거둘 경우, 교회와 성도들은 외형만큼 내부적으로 성장을 경험하지 못한다. 이러한 웃자람 현상은 교회에 도움이 되지 못한다.

한국 교회는 선교지 교회가 성장할 것으로 기대하며 예배당 건축을 지원하는 경우가 적지 않다. 하지만, 선교사나 한국 교회가 기대하는 이러한 결과는 대개 일어나지 않는다. 현지 교회가 성장하는 것을 기대하는 것은 조금도 잘못 되지 않았다. 그렇지만, 현지 교회가 한국 교회의 기대처럼 모두 다 성장하는 것은 아니다. 사실 한국 교회의 기대와 현지 교회의 성장은 서로 상관관계가 없다. 따라서 이런 기대에 기초해서 예배당 건축 지원을 하는 것은 지혜롭지 못하다.

책임 의식 저해

어느 나라의 교회든지 자신의 예배당을 건축하는 것은 큰 심리적 그리고 경제적 부담이다. 부유한 나라의 교회는 쉽게 예배당을 건축하고, 가난한 나라의 교회는 예배당을 소유할 수 없는 것이 아니다. 왜냐하면, 각 나라의 교회들은 자신이 속한 나라의 경제 규모와 건축 문화 규모와 비슷한 수준의 예배당을 건축하기 때문이다. 지난 십수 년 동안 과도하게 빚을 내어 예배당을 건축했던 교회들 중에 어려움을 겪은 교회를 주변에서 어렵지 않게 볼 수 있지 않은가?

한국 교회가 선교지의 예배당 건축 지원을 하는 현실적 이유 중 하나는 우리나라와 선교지 사이에 물가와 화폐 가치가 크게 차이나기 때문이다. 우리나라 어디에서도 일, 이 천 만 원으로 예배당을 지을 엄두조차 내지 못한다. 그렇지만 적게는 500만 원으로 선교지에서 예배당을 지을 수 있다는 말을 들을 수 있다. 비교적 적은 돈으로 하나님을 예배하는 건물을 지을 수 있다는 점은 한국 교회의 목회자와 성도들에게 매력적이다.

물가 차이를 바탕으로 타국 교회와 성도들이 가난한 나라의 교회를 위해 예배당을 건축하면, 선교지 교회 성도들은 의존심을 가지기 쉽다. 현지 교회 성도들은 외국 교회는 부자 교회이고 그래서 큰 액수의 재정을 아주 쉽게 내어 놓는다고 생각할 수 있다. 그리고 타국 교회에게 일, 이 천 만 원은 별거 아닌 액수라고 이들은 생각할 수 있다. 1년 동안 어렵게 헌금해서 천 만 원을 모으는 것이 쉬운가? 아니면, 어느 날 갑자기 한국 교회가 천 만 원을 헌금하는 것이 쉬운가? 당연히 선교지 교회 성도들은 한국 교회가 헌금한 큰 액수의 금액을 받는 것이 쉽게 보인다.

동남아시아의 한 지역에서 사역하는 선교사가 목격한 현지 교회의 이야기이다. 그에 따르면, 한국 교회가 예배당 건축을 지원한 이후로 성도들이 의존적으로 바뀌었다고 한다.

그동안에는 쓰러져 가는 한국의 초가집 같은 지붕을 얹어 자신들 스스로 교회를 지었을 때는 애정을 갖고 돌보고 수리하고, 어떻게든 자립의 의지를 보이다가도 한국 교회의 재정이 투입되는 상황에서는 자신들이 일손을 멈추고 '누워서 떡'을 먹으려고 한다는 것이다. 그 결과로 자신들이 직접 농작하여 먹던 옥수수까지도 농사하지 않고, 키우던 가축들도 전혀 관리가 되지 않아 다 굶어 죽고 말았다는 이야기를 한다.[1)]

타국 교회의 지원을 받아서 예배당 건축을 하고 나면, 이후에 다른 사업이나 프로젝트의 재정도 외부 지원을 우선적으로 바라게 되기 마련이다. 굳이 어렵게 자신들 사이에서 재정을 모금하기보다는 외국의 기독교인들에게 재정 지원을 받는 것이 훨씬 편리하고 효과적으로 보이기 쉽다. 이러한 생각이 깊어지면, 외국인들은 주는 사람이고 자신들은 받는 사람이라는 생각이 고착되기 쉽다. 이렇게 되면, 현지 성도들은 외부의 재정 지원을 끌어 오는 목회자를 유능하고 훌륭하다고 보기 쉽다.

선교사나 외국 교회가 선교지 교회에 대해 주인 노릇을 하려고 할 수도 있다. 예배당 건축을 지원한 선교사나 외국 교회는 해당 선교지 교회를 자신들의 것이라고 생각하거나 자신들에게 도덕적인 빛이 있다고 여겨 선교지 교회의 신앙생활에 간섭하려고 할 수 있다.

> 현지 교회에 땅을 사 주고 건물을 지어 주고, 목사 월급을 지급하면서 선교지에서 토착 교회를 발견하기란 매우 어렵다.[2]

심지어 선교지 성도 가운데 선교사의 재정을 자신의 유익을 위해 사용하려는 이도 출현할 수 있다. 외국인이 부동산을 소유하는 것이 법으로 불가능하거나, 선교사는 처음부터 부동산을 소유하려는 목적이 없어 현지인의 명의로 예배당을 등기할 수 있다. 이때, 성도 전체가 참여하지 않은 예배당 건축이기에 교회의 소유로 여기기보다는 부동산 등기부에 기재된 이가 주인이 될 수 있다. 이것은 정서적으로 문제의 소지가 있을지 모르나, 법적으로는 문제가 되지 않는다. 그리고 실제로 타국 교회가 지원한 재정 전부 혹은 일부를 착복하는 현지 목회자들과 지도자들이 있다.

외국 종교라는 이미지

한국 교회가 경험한 식민주의는 다른 나라들과 꽤 다르다. 일본 식민주의는 천황제를 중심으로 내선일체를 강조했다. 한국 교회는 일본 식민주의에 대항하였고, 많은 기독교인이 독립 운동에 참여했다. 서구 선교사들도 일본 식민주의에 부정적이고 한국과 한국 교회에 온정적이었다. 한국에서 기독교는 시대에 뒤떨어진 유교를 대신하고 일본을 극복할 수 있는 대안이었다. 그럼에도 불구하고, 우리나라에서도 기독교는 외래 종교라는 인식이 과거에 꽤 많이 있지 않았는가?

중국, 동남아, 서남아, 중동, 아프리카, 남미 등의 식민주의는 서구에 의해 행해졌다. 서구의 식민주의는 기독교 선교와 보조를 같이 했다. 포르투갈과 스페인의 경우, 국가 차원에서 식민주의와 선교가 병행되었다. 개신교는 천주교만큼은 아니었지만, 종종 식민 정부는 선교사를 지원했으며 선교사의 사역은 식민 정부에 간접적으로 도움을 주곤 했다.

선교사의 안전이 위협 당했을 경우, 종종 해당 지역의 관리들과 지역민들이 어려움이나 불편을 겪기 쉬웠다. 선교사가 세운 학교를 통해 식민 통치에 필요한 말단 관리들을 충당하기도 했다. 윌리엄 캐리의 초기 상황처럼 식민 정부가 선교 사역을 방해한 경우도 물론 있다. 일반적으로, 식민 정부와 기독교 선교는 보조를 맞추었으며, 지역에 따라 그 정도가 달랐다고 보아도 무리 없다.

현지인들은 기독교 선교를 서구 식민주의의 연장선에서 이해했다. 현지의 전통주의자들은 전통을 거부하며 새로운 세계를 말하는 기독교가 달갑지 않았다. 현지 민족주의자들은 선교사들을 공격하며 민심을 모으기 쉬웠다. 또한, 총칼을 지닌 식민 정부에 비해 비교적 쉬운 상대이기도 했다. 기독교 복음과 교회는 아시아와 아프리카 사람들이 쉽게 이해하지 못할 내용들이 많고, 이것이 이질적 혹은 외래적으로 보이는 것은 당연하다.

이러한 역사적 배경이 있기 때문에 외부의 재정으로 예배당을 지으면 기독교가 외국 종교라는 고정 관념을 더욱 강화시킬 수 있다. 특별히 그 예배당이 주변 건물보다 훨씬 좋거나 이국적일 경우, 더욱 그렇다. 대부분의 아시아 지역에서 기독교는 이질적인 외래 종교로 비친다. 심지어 서구 식민주의 경험이 바탕이 되어, 자신들의 안전을 위협하는 외국 종교로 보기도 한다. 이것을 이성상은 다음과 같이 지적했다.

> 외국의 선교비를 받아 온다는 것은 기독교가 외국 종교임을 입증하는 것으로 보기 때문에 교회를 건축한 후에 어려움을 겪게 된다.[3]

한국 교회와 선교사들이 교회 개척과 예배당 건축을 한국에서 하듯이 할 경우, 이것은 강승삼이 지적한 것처럼 "이국적인 인상"을 줄 뿐 아니라 교회와 기독교 메시지를 이질적인 것으로 보이게 할 수 있다.

교회 재정의 오남용

선교 재정은 만성적으로 수입보다 지출이 많아, 재정 지출에 있어서 주의를 많이 기울여야 한다. 그 방법 중 하나는 재정 지출의 우선순위를 정하는 것이다. 가장 우선적으로 고려되어야 할 것이 선교사 후원이다. 현재 선교사들 가운데 턱없이 부족한 생활비 때문에 고생할 뿐 아니라 사역 중단을 고려하는 이들도 적잖이 있다. 한국 교회는 선교지 예배당 건축 지원에 앞서서 선교사 후원을 먼저 고려해야 한다.

선교사 후원 등 필요한 곳에 사용될 수 있는 한국 교회의 재정이 선교지 예배당 건축을 통해 오남용 될 수 있다. 복음을 전할 선교사 후원보다 예배당 건축에 더 적극적으로 재정 지출을 한다면, 한국 교회 재정의 오용이다. 헌금으로 건축한 예배당이 원래 기대했던 대로 교회 성장에 도움을 주지 못하거나, 오랜 기간 동안 교회의 성도 규모에 비해 예배당이 너무 크다면, 한국 교회 재정을 낭비한 것이다. 심지어 예배당 건축 지원을 받은 교회가 후에 재정적 혹은 여러 이유로 함께 사역하던 선교사 혹은 한국 교회와 교제 단절을 할 수도 있다.

개척하는 교회마다 성장하고 자립하는 교회가 되지는 않는다. 한국에서도 교회가 오랜 기간 미자립 상태를 벗어나지 못해 교회를 폐쇄하거나, 타인에게 판매하는 일이 있다.[4] 1992년부터 9년간 한국 감리교단에 소속되어 개척된 교회가 총 1,331개이다. 이 가운데 17.2퍼센트에 달하는 229개 교회가 폐쇄되었다.[5] 그리고 전체의 67.8퍼센트에 해당하는 794개 교회는 미자립 교회로 남아있다.[6] 선교지에서도 적잖은 교회가 미자립 상태로 남을 가능성이 있는데, 잘 되기를 바라는 선의만으로 선교지 예배당 건축 지원을 하는 것은 교회 재정의 오남용이라고 할 수 있다.

선교지의 교회도 재정을 사용할 때, 잘못된 헌금관과 재정관을 가질 수 있다. 선교사 혹은 외국 교회의 도움으로 큰 비용이 드는 예배당이 건축되는 것을 경험한 선교지의 성도들은 선교사나 외국 교회에 재정적으로 의존하면서 헌금하는 것을 게을리하며 교회를 돌보는 것에 소홀할 수 있다. 타문화권 교회 개척은 피선교지의 교회가 선교하는 교회가 될 때, 그 목적을 이루었다고 할 수 있다. 이것의 첫걸음은 자기 교회의 필요를 스스로 채우는 것이다. 그리고 이 경험을 가지고 있을 때에 그 선교지 교회는 차후에 다른 어린 교회들을 도울 마음과 자세를 가질 수 있다. 하지만, 자립 경험이 없는 선교지 교회가 돕는 교회로 성장하는 것은 매우 어렵다.

강승삼은 예배당 건축과 같은 물량 선교는 "현지 교회 지도자들을 선교사 혹은 외국 재정 의존 지향주의자로 만들게 하거나, 하나님을 신뢰하는 방법이 무엇이며, 청지기직이 무엇이며, 성도의 헌신이 무엇인지를 배울 수 있는 기회를 착취하는 행위"라고 강하게 비판했다.[7] 미국 교회가 남미 어느 나라에 예배당을 건축해 주었는데, 이 예배당을 수리할 필요가 있자 남미의 이 교회는 건축해 준 미국 교회에 연락해서 수리를 요청했다고 한다.[8]

정부와 종교 세력으로부터 불필요한 관심 초래

외부 재정으로 예배당을 건축하는 것은 기독교에 비우호적인 정부와 종교 세력으로부터 불필요한 관심을 불러올 수 있고, 이것은 선교지 교회와 전도에 도움이 되지 않는다. 현대에도 세계 지역에는 기독교 교회가 소수 위치에 있는 사회가 많다. 이슬람권, 공산권, 힌두권, 불교권에서는 교회와 성도들은 약자의 위치에 있다. 특별히 이 지역들 중에 서구 식민지였던 곳이 많고, 이들에게 서구 식민주의와 교회는 밀접한 관련이 있는 것으로 보여진다.

이러한 배경이 있는 곳에서 예배당이 건축되면, 정부와 지역의 종교 세력으로부터 관심을 끌게 되고 기독교인의 증가가 실제보다 부풀려질 수 있다. 예를 들면, 중국에서 가정 교회가 커져가면서 예배당이 커지고 가시화되는 등 보다 쉽게 노출되면서 정부로부터 어려움을 겪었다.[9] 최근 인도와 네팔 등지에서 이른바 반개종법이 제정되어 시행에 들어갔는데, 힌두교 세력이 기독교 성장에 대한 불만과 두려움을 느낀 것도 주요 원인 중 하나이다. 모임에 필요한 장소를 마련하는 것이 잘못된 것은 없으나, 반발감이나 의심을 살 수 있는 불필요한 관심은 불러일으키지 않도록 조심할 필요가 있다.

복음에 대한 관심과 교회에 대한 경계를 구별할 필요가 있다. 선교지의 불신자들에게 예수님을 전하는 과정에서 기독교 신앙이 노출되는 것은 불가피하다. 하지만, 교회가 새로운 종교 세력으로 전통을 대체하려고 한다는 인상을 주는 것은 피해야 한다. 현지인들이 기독교 신앙을 여전히 외래적이라고 간주하는 상황에서 섣부른 예배당 건축은 지역민들에게 반감과 경계심을 가지게 할 수 있다. 예배당 건축이 외국 재정으로 이루어지고 있다고 하면, 기독교가 외국 종교라는 고정 관념을 강화시킨다.

미래 어느 시점의 자립 기회를 박탈

한국 선교사가 선교지의 교회가 하루라도 빨리 경제적으로 자립하기를 바라는 마음으로 예배당 건축을 지원하는 것은 이들이 스스로 판단하고 결정해서 자립할 수 있는 기회를 박탈하는 것이다. 자녀를 사랑한 나머지 자녀의 청소년기뿐 아니라 청년기에도 이들이 할 일들 가운데 많은 것을 부모가 대신하며 자녀가 성공하고 잘살기를 바라는 것이 우리 문화의 특징이다.

이와 같은 맥락에서 한국 선교사들은 선교지의 교회가 어렵지 않게 자립할 수 있기를 바라며 예배당 건축을 지원한다. 이 마음은 충분히 이해할 수 있고 선한 것이라고 보인다. 하지만, 이것은 온정주의적 행동이며 자치와 자립을 저해하는 행동이다. 한국 선교사와 한국 교회는 예배당 건축을 통해 현지 교회에게 자립과 성장의 기반을 마련해 주었다고 생각할 것이다. 하지만, 선교지의 목회자와 성도들은 또 다른 것을 선교사와 한국 교회가 해 주기를 기대하기 쉽고 그런 경우를 흔히 목격한다.

선교사와 선교지 교회는 여러 측면에서 힘의 불균등이 크다. 이것은 의사 결정 과정에도 영향을 끼친다. 선교지 교회가 선교사에게 자신의 의견을 분명히 표현하기 쉽지 않다. 성경과 신학의 지식 면에서, 교회 내에서의 위치, 사회 경제적 지위의 차이 등 선교사와 선교지 교회의 성도들은 다르다. 따라서 예배당 건축과 관련해서 선교지 성도들은 선교사와 다른 견해를 말하기 쉽지 않다.

선교사와 달리 현지 교회 성도들이 예배당의 필요성을 절실히 느끼지 않는다면 어떨까? 선교사가 먼저 지원하겠다고 제안하거나 현지 목회자가 선교사에게 요청해서 예배당을 건축할 수 있다. 이 교회의 성도들의 참여는 제한적이다. 이럴 경우, 이 교회의 성도들은 예배당 건축을 통한 신앙 성장의 경험을 하지 못하기 쉽다. 이들은 하나님께 의지하고 자신의 것을 양보하고 헌신하는 신앙의 큰 체험을 하지 못하는 것이다. 오히려, 외국 선교사에게 의존하는 마음을 가지게 되고 또 다른 것을 외국 선교사에게 해 달라고 요청하기 쉽다.

선교지를 마케팅해서 선교사가 유익을 본다는 오해

선교사의 사역에 대해 부정적으로 보거나 오해하는 선교지 사람들은 선교사들이 예배당 건축을 빙자해서 사리사욕을 취한다고 오해할 수 있다. 특별히 선교사들이 건축 과정에서 사진을 찍고 입당 예배 등을 위해 한국에서 방문객들이 올 경우, 선교사들이 경제적 이익을 취하기 위한 것이라고 잘못 생각할 수 있다. 이런 경우, 선교사의 영적 사역은 많은 어려움을 겪을 수 있고 영향력이 많이 감소할 수 있다. 최악의 경우, 선교사가 예배당 건축을 해 줄 때까지는 협력하다가, 선교사가 자신의 경제 지원 요청을 받아들이지 않으면, "선교사가 자신들을 이용해 이익을 얻고 있다."라고 오해할 뿐 아니라 거짓 소문을 낼 수도 있다.[10]

아시아의 여러 곳에서 실제로 이런 오해가 발생하고 있다. 적잖은 현지 교인이 선교사가 혹은 한국 교회가 자신의 교회에 방문하는 것을 재정 지원과 연결 지어서 생각한다. 선교사나 한국 교회의 방문객이 교회와 성도들을 배경으로 사진을 찍어갈 경우, 이 사진을 모금에 사용한다고 오해한다. 추후에 재정 지원이 없으면, 한국 교회의 재정 지원이 중간에 없어진 것으로 오해한다.

한 걸음 더 나아가서, 선교 사역이 재정 지원으로 전락하는 것은 아닌지 우려된다. 선교 사역은 궁극적으로 영적인 사역이다. 영적인 목적을 가지고 시작된 사역이 육적인 활동으로 전락한다면, 신앙 활동을 위한 예배당 건축은 건축일 뿐이지 교회를 세우는 것이 아니다. 현지 교회가 예배당 건축과 관련해서 선교사가 이익을 취하고 있다고 생각한다면, 그 교회는 예배당을 유지할 만큼 성숙하지 못하기 쉽다. 미성숙한 교회에 예배당 건축은 축복이 아닌 실족의 원인일 수 있다.

오히려 교회의 성장에 저해가 되는 가능성

한국 교회가 선교지에 예배당을 건축하는 중요한 이유 가운데 하나는 현지 교회의 성장을 돕기 위한 것이다. 이것은 한국적 상황이다. 한국에서 교회 개척을 고려할 때 가장 먼저 생각하는 것 가운데 하나가 예배당을 준비하는 것이다. 한국에서는 상가 건물을 몇 평 임대 혹은 구매할 것인지 그리고 이 공간을 예배당으로 어떻게 꾸밀 것인지가 많은 교회 개척 목회자에게 중요한 질문이다. 실제로 그렇지 않은가?

성도들이 전도하거나 자신의 교회로 사람들을 초대할 때에도 예배당이 종종 언급된다. 자신의 교회는 예배당이 크고 넓다는 말을 하는 성도가 적지 않다. 이들은 쾌적한 공간에서 신앙생활할 수 있다고 자랑한다. 심지어 작은 상가 건물의 예배당은 불편한데, 넓고 큰 자신의 교회로 오라고 말하는 이들도 있다. 신도시에 많은 교회가 개척되지만, 예배당이 갖추어진 교회에 이전 성도들이 몰리는 것이 흔한 일이다. 물론, 설교와 기도 등 신앙적 요소로 성장하는 교회도 있다. 이렇다 보니, 한국 목회자와 성도들은 예배당과 교회 성장을 매우 밀접하게 보는 경우가 많다.

선교지 교회가 빨리 성장하고 자립하기를 바라는 마음으로 예배당 건축을 하는 것은 오히려 역효과를 내기 쉽다. 오트와 윌슨은 이렇게 말했다.

> 모든 기독교 공동체가 자신만의 특별한 건물을 소유해야 한다는 기대가 있으면, 교회 개척은 더디어지거나 멈출 수 있다. 교회의 유기체적 재생산이 손상을 입는다.[11]

예배당 건축은 어느 나라에서든지 쉽지 않은 과제이다. 과연 우리나라에서 예배당 건축이 쉬운 일인가? 교회의 규모와 상관없이 건축은 쉽지 않다. 교회가 부유한 지역에 있든지 가난한 지역에 있든지 건축은 어렵다. 예배당 건축이 원인이 되어 교회에 분란이 생기는 경우도 종종 있다. 하지만, 예배당 건축은 교회마다 경험해야 할 도전이다.

스스로 어려움을 직면하고 극복하려고 노력하는 과정에서 믿음의 체험을 하며 성장한다. 이것을 외부의 누군가가 대신해 주면 성장이 더디어지고 자신들은 도움을 받을 존재로만 보기 쉽다. 이것은 결국 교회가 자립할 뿐 아니라 선교하는 교회로 성장하는 것을 저해하기 쉽다.

100년 전에도 선교사의 재정 사용이 선교지에서 기대하는 효과를 거두지 못했다. 미국 북장로교 선교부의 총무로서 여러 선교지의 사역과 사정에 밝았던 아서 브라운은 선교 역사 속에서 선교지에서 재정 사용을 적게 했을 때보다 많이 했을 때 문제가 더 많았다고 지적했다.[12] 존 모트는 가난하고 규모가 작았음에도 불구하고 자립의 특징을 가진 한국 교회가 다른 어느 지역보다 나은 선교 결과를 얻었다고 생각했다.[13] 위 두 사람의 견해에 동의하는 변창욱은 다음과 같이 자신의 생각을 정리했다.

> 선교사의 풍부한 재정 후원으로 지어진 교회가 건강하게 성장하지 못하고, 선교사의 도움을 많이 받지 않은 교회가 더 건실하게 성장했음을 알 수 있다.[14]

3. 나가는 말

우리 사회에서 부모는 자녀 양육에 많은 노력을 기울이고 투자를 아끼지 않는다. 우리 부모들은 조기 교육에 많은 공을 들인다. 학교 다니는 자녀들의 학습을 돕기 위해 과외와 학원 등에 많은 돈을 들인다. 자녀가 대학에 들어가도 자녀의 능력 개발을 위해 학원비, 어학 연수 비용 등을 부담한다. 심지어 모자른 돈을 벌기 위해 엄마가 부업을 하기도 한다. 이것으로 끝이 아니다. 자녀가 결혼할 때 혼수는 물론 전세 자금의 일부라도 지원한다. 자신의 경제 능력만 된다면, 많은 한국 부모가 이렇게 자녀를 도울 것이다. 자녀를 지나치게 돕느라 자신의 노후를 제대로 준비하지 못한 부모가 많지 않은가?

문제는 자녀가 부모 바라는 대로 그리고 희생한 대로 자라는 것이 아니라는 사실이다. 부모의 도움을 받아서 한국 사회에 연착륙하는 자녀도 많지만, 그렇지 못한 이도 많다. 엄마의 치맛바람이 센 집의 자녀들 중에 원하지 않던 결과를 얻는 경우가 종종 있다. 자녀의 능력과 의지와 상관없이 부모가 홀로 조바심을 내며 공들였지만, 좋은 열매를 맺지 못하는 경우도 많다. 어릴 때부터 부모에게 받아만 오던 자녀들 중에 30대, 40대가 되어도 부모에게 의존적인 자녀들이 있다. 심지어 자기 자녀의 교육비를 부모에게 기대는 이들도 있다.

부모의 마음과 현실은 다르다. 부모는 자녀가 고생하는 것을 보느니 차라리 자신이 고생하면 좋겠다고 생각한다. 부모인 자신이 더 고생하더라도 자녀들은 꽃길을 걷기 바란다. 하지만, 현실은 다르다. 인생에는 실수와 아픔을 통해 배우고 성장하는 것이 있다. 인생은 본인 스스로 경험하고 판단하고 깨달으며 성장하는 것이 있다. 이와 같은 현실을 경험하지 못할 경우, 의존적 성인이 되거나 자신만을 아는 이기적인 성인이 되는데 이런 사람은 사회에 유익하지 않다.

한국 교회 선교사들의 선교지 예배당 건축 지원이 한국 부모의 자녀 지원과 유사하다. 현지 교회가 어려움을 겪는 것이 안타깝다. 자신이 겪은 과오와 실수들을 현지 교회가 반복하지 않기를 바란다. 현지 교회가 성장할 수 있는 발판을 제공하기 바란다. 현지 교회가 빨리 성장해서 독립하고, 전도와 선교하는 교회가 되기를 기대한다.

선교지 교회가 성숙하지 않았을 경우, 한국 교회와 선교사의 예배당 건축 지원은 득보다 실이 많고 약보다는 독이 되기 쉽다. 필자는 이 장에서 선교지 예배당 건축 지원이 가지고 있는 문제점들을 살펴보았다. 한국 교회와 선교사들은 자신의 사역에서 기대하는 효과만 볼 것이 아니라 부작용이 무엇일지에 대해 차분히 살펴보아야 한다. 이것을 선교지 사람들이 균형 잡힌 시각으로 보기에는 여러 가지 한계가 있다. 이것은 성숙한 선교사와 선교하는 교회의 책무이다.

주 ————————————————

1) 동현,『타문화권에서의 지속 성장 가능한 교회 개척 방안 연구: 인도를 중심으로』박사학위 논문, 장로회신학대학교 목회전문대학원, 2018, 84
2) 박기호,『타문화권 교회 개척』(서울: 개혁주의신행협회, 2005), 140.
3) 이성상, "교회 개척을 통한 스리랑카 복음화 전략", 55.
4) 김주덕, "한국 교회의 교회 개척 형태의 변화에 관한 연구", 「선교신학」17(2008), 50.
5) 김주덕, "한국 교회의 교회 개척 형태의 변화에 관한 연구", 50.
6) 박창현, "한국 교회 개척 방식의 문제점과 그 대안", 「선교신학」7(2003), 283.
7) 강승삼, "한국 장로교회 해외 선교의 역사적, 선교 정책적 분석 연구(1965-1990)", 128.
8) Glenn J. Schwartz, *When Charity Destroys Dignity: Overcoming Unhealthy Dependency in the Christian Movement* (Lancaster, PA: World Mission Associates, 2007), 254; 변창욱, "한국 교회의 자립 선교 전통과 비자립적 선교 행태: 자립적 선교 패러다임으로 변화를 모색하며", 「선교와 신학」27(2012), 254에서 재인용.
9) 안희열, "중국 도시 가정 교회의 개척과 전망", 「복음과 선교」23(2013), 142.
10) 변창욱, "중국 교회 자립과 효율적인 선교비 사용: 중국의 개신교 선교사 대회 (1877, 1890, 1907)를 중심으로", 「선교와 신학」31(2013), 213.
11) Craig Ott & Gene Wilson, *Global Church Planting: Biblical Principles and Best Practices for Multiplication* (Grand Rapids, MI: Baker Academic, 2011), 387.
12) 변창욱,『한국 교회 선교 운동사』(서울: 장로회신학대학교 출판부, 2018), 128.
13) 변창욱,『한국 교회 선교 운동사』.
14) 변창욱,『한국 교회 선교 운동사』, 129.

제6장

• • •

선교지 예배당
건축 지원의 배경

1. 들어가는 말

한국 교회의 선교지 예배당 건축 지원은 문화적 행동이다. 즉, 이것은 몇몇 선교사의 개인적 일탈이 아니다. 일부 한국 교회만 이것을 하는 것도 아니다. 선교사와 교회들 중에 선교지 예배당 건축 지원을 대개의 경우 자랑스럽게 여기고, 이것을 주요 사역으로 삼는 이들도 있다. 이것에 부정적인 생각을 하는 선교사들도 있으나, 그 수가 많지 않거나 공공연하게 반대의 목소리를 내지 않는다. 이것은 한국 선교사와 한국 교회에서 전반적으로 발견할 수 있는 문화적 현상이다.

문화가 무엇인가? 한국문화인류학회가 이것을 매우 쉽게 설명했는데, "하나의 인간 집단이 공유하는 가치나 신념"[1]이다. 이 책의 주제와 연관 지어 보면, 한국 선교 공동체가 선교지 예배당 건축 지원에 대해 공유하는 신념이다. 문화는 절대적인 진리가 아니다. 문화는 변하기 마련이다. 한편, 문화는 흔히 해당 문화의 구성원들에 익숙하기 때문에 큰 문제시 되지 않는다.

예를 들어 보자. 우리나라 사람들은 흔히 빵은 몸에 해롭고 밥이 몸에 좋다고 한다. 과연 이 생각은 과학적 사실인가 아니면 문화적 이해인가? 밀과 쌀이 모두 유기농이라도 밀로 만든 빵보다 쌀로 만든 밥이 건강에 더 좋은가? 빵은 밀을 빻아 만들어서 몸에 안 좋은 것인가? 그렇다면, 쌀로 만든 떡은 몸에 좋은가? 만약 우리나라에서 빵이 밥보다 좋지 않다면, 수입 밀의 장기 보관을 위해 화학 약품 처리가 되었기 때문이거나, 제빵 과정에서 설탕이 많이 사용되었기 때문일 것이다. 즉, 밀 자체의 문제보다는 첨가물 때문이다. 만약 빵보다 밥이 건강에 좋다면 빵을 주식으로 삼는 문화의 구성원들이 밥을 주식으로 삼는 사람들보다 대체적으로 건강이 좋지 않아야 한다. 하지만, '그렇다'라고 말할 수 없다. 우리나라 사람들이 전통적으로 빵보다 밥을 선호하는 이유는 으레 밥을 주식으로 삼아 살아왔기 때문이고, 지금도 밥이 익숙한 문화적 이유 때문이다.

이와 같은 음식 문화도 환경이 바뀌고 세대가 변하자 바뀌고 있다. 밥을 주식으로 살아온 우리나라 사람들이지만, 요즘 청소년은 말할 것도 없고 30대, 심지어 40대도 끼니때마다 반드시 밥을 먹어야 되는 것은 아니다. 밥이 아닌 라면, 치킨, 피자로 식사를 대신하는 이가 많다. 50대, 60대 사이에서도 자주는 아니어도 이따금씩 한 끼 정도는 밥 대신 다른 음식을 식사로 먹는 사람이 이전에 비해 많아졌다.

우리의 식문화는 쌀을 기반으로 한다. 다수의 사람이 매일 밥을 먹는다. 그리고 이것은 너무나도 당연한 것으로 여겨진다. 밥을 먹지 않는 것이 이상한 행동이다. 물론 밥보다 면을 선호하는 개인이 우리나라에 있을 수 있다. 그렇더라도, 면을 선호하는 것은 개인의 기호로 받아들여질 뿐이지, 우리의 식문화는 쌀을 지어 만든 밥이다.

2. 일곱 가지 문화적 특징

한국 교회의 선교지 예배당 건축 지원도 문화적 현상이다. 한국 교회 구성원들은 이것을 흔히 하고, 좋다고 생각하고, 당연하게 생각한다. 일반적으로 말해, 이것은 하나의 한국 교회 문화가 되었다.

과연 이 문화적 현상은 어떤 특징이 있을까? 이 장에서는 이 문화적 현상의 일곱 가지 특징을 살펴볼 것이다. 한국 선교는 한국 사회의 압축 성장과 가시적 성과의 경험으로부터 자유롭지 못했다. 한국 교회와 선교사들은 자신의 지식과 경험을 선교지에 무비판적으로 적용했다. 특별히 적절한 선교 훈련을 받지 못한 경우, 한국과 선교지를 동일시하는 정도는 더 심할 수 있다. 한국 선교도 온정주의적 사고로부터 자유롭지 못하다. 한국 사회와 교회 내의 경쟁 문화가 선교지에도 나타난 것이다. 이론과 실제의 괴리가 예배당 건축의 문제에도 영향을 주었다. 한국 선교의 원칙과 전략의 부재를 교회 개척에서도 볼 수 있다.

한국 근대 사회의 압축 성장과 가시적 성과의 경험

우리의 단기간 내의 성공 경험은 타문화권 선교에 영향을 주었다. 한국 선교사들은 한국 사회의 압축 성장과 가시적 성과를 고스란히 경험한 사람들이다. 따라서 이것의 영향과 압박에서 자유롭지 못하다. 결과적으로, 이것은 선교사들의 교회 개척 사역에도 큰 영향을 주었다.

1950년대에 한국은 전 세계 나라 중에서 최빈국 중 하나였다. 하지만, 약 60년 만에 세계에서 경제 규모가 가장 큰 나라 중 하나가 되었다. 배 건조와 조선소 건설을 동시에 했던 정주영의 이야기, 자동차 산업과 반도체 산업의 기적적인 발전, 많은 설비와 기계와 제품의 국산화 사례들! 이것들을 자세히 들여다보면 주요 영역 혹은 핵심 부품들은 여전히 외국에 의존해야 했던 절반의 성공이었지만 급성장의 비결이기도 했다. 이러한 경험들은 외부적 수혈을 받더라도 빨리 하는 것이 좋은 것이고 결과적으로 그것이 더 효과적이라는 문화를 만들었다.

우리나라에서 학원과 과외 수업은 일반적이다. 많은 나라에서는 발견할 수 없는 현상이다. 우리는 수십 년 동안 학원 혹은 과외 수업 등 외부적 도움을 통해 남보다 앞설 수 있다는 경험을 해오고 있다. 심지어 이것은 부동산 가격을 좌지우지한다. 우리나라 국민 다수가 이것을 나쁘지 않고 바람직한 것으로 생각한다. 또한, 초등학교부터 변별력 위주의 시험 제도와 대학 입시 경쟁과 취업 경쟁 그리고 수주 경쟁은 승자 독식의 사고방식이 우리 사회 구성원들에게 퍼졌고 한국 선교사들도 이러한 사고로부터 자유롭지 않다.

정치적으로도, 피식민지와 독재 정권을 경험했으나 평화적 정권 이양이 몇 차례 되었을 뿐 아니라 대통령을 탄핵하는 극단적 정치 상황에서도 안정적으로 새 대통령을 선출할 수 있을 정도로 민주주의 제도를 성취하였다. 지난 60년간 한국 사회는 개인적 차원, 교회적 차원, 사회적 차원에서 폭발적 성장을 경험하였고 많은 성공의 경험을 하였다. 우리나라는 경제 개발 원조를 받는 나라에서 주는 나라로 바뀐 거의 예외적인 국가가 되었다.

한국 사회의 압축 성장의 경험을 바탕으로 한 할 수 있다는 자신감과 긍정적인 자세는 타문화권 사역에 약이 되었다. 하지만, 짧은 시간 내에 가시적 성과를 이루어야 한다는 생각은 과정을 무시한 채 결과만을 중요시하는 문화를 만들었다.

한국 선교 공동체에서도 이런 생각을 어렵지 않게 만날 수 있다. 이증재는 선교사가 "업적 위주의 사역"[2]을 하느라 현지 교회들에 물량 선교를 한다고 지적했다.

> 한국 교회는 선교지에서 교회를 개척함에 있어서 효율성보다는 숫자 중심적인 것 같다. 즉, 몇 개 교회를 세웠는가가 중요하지 세운 교회가 얼마나 견실하게 성장하고 자립하는가는 그 다음의 일이라는 것이다.[3]

외형적 성과에 집착하는 한국인의 심성이 타문화 선교를 하면서 야기한 혼란이라 보이는데 이는 막대한 자원이 부적절하게 낭비될 여지를 남겼다.[4]

특별히, 문화적 차이를 충분히 이해하지 못하는 파송 교회가 선교 사역의 성과에 집착할 때, 선교사는 더욱 조급하게 가시적 성과를 이루고자 하는 마음을 품고 그렇게 행동할 수 있다. 만약 한국 교회가 선교사 사역의 가시적 성과에 따라 선교사의 재정 후원을 결정한다면, 선교사는 예배당 건축과 같은 가시적 성과에 대한 부담감을 느낄 것이다.

한국 사례를 선교지에 무비판적으로 적용

한국 선교사들과 한국 교회는 자신들의 한국 사역 경험과 지식을 선교지에서 무비판적으로 적용한다. 현장 경험이 있는 선교사들이 이 점을 지적했다. 한 현장 선교사는 "단일 문화 위에 형성된 한국 교회 특성을 무비판적으로 선교 현지에 이식"[5]했다고 평가했다. 강승삼도 "많은 선교사가 '한국식' 목회나 교회 개척 방법을 그대로 이식하여 사용"[6]했다고 지적했다.

한국 선교 공동체의 구성원들의 경험과 지식에서 예배당이 큰 비중을 차지한다. 한국 교회는 성도들의 신앙을 예배당 중심적으로 이해한다. 외국 교회들에 비해, 한국 교회는 성도들이 모여 예배드리는 것을 강조한다. 이것이 잘못된 것은 아니다. 다만, 모임

자체보다는 장소에 대한 강조가 지나치다는 지적을 가볍게 볼 일은 아니다.

기독교의 한국 선교 초기부터 기독교 신앙은 개인적 차원과 예배당 차원에서 실천되었지, 지역 사회 혹은 마을 공동체 차원에서 거의 실천되지 않았다. 특별히, 평양 대부흥 운동 이후 교회에서 열리는 사경회는 한국 교회 성도들의 신앙 성장에 큰 역할을 했다. 이것은 20세기 말까지 지속되었다. 간혹 대형 집회가 여의도 광장과 잠실 운동장과 체육관에서 열리기는 했으나, 예외적 경우로 보는 것이 적절하다. 뿐만 아니라, 최근에는 이단들의 여러 활동 때문에 한국 교회는 교회 바깥에서의 신앙 활동에 대해 더욱 경계한다.

이런 까닭인지, 일반적으로 한국 교회의 교회 개척은 예배당 중심적이다. 과거에는 가정집에서 교회가 시작되고 예배당을 후에 마련하는 경우가 종종 있었다. 하지만, 1980년대 이후로는 최소한 임대한 건물에 예배당을 갖춘 뒤에 교회가 설립되는 경우가 다수를 이룬다. 한국 교회에서 교회 개척은 예배당을 준비하는 것의 이음동의어라고 해도 과언이 아니다.

교회를 개척할 때, 고려해야 할 요소가 많다. 예를 들면, 지역 조사, 목회 계획, 설교와 교육 계획, 지역 전도 계획, 개척 팀 구성 계획, 재정 수입과 지출 계획 등이다. 하지만, 교회 개척자 자신이나 주변 사람들의 주된 관심은 예배당이다.

한국의 기존 교회도 교회 개척에 참여할 때, 흔히 재정 지원을 통해 예배당 준비와 목회자 생활비 지원에 초점을 맞춘다. 일반적으로 기존 교회들은 자기 교회의 성도 일부를 떼어 주는 분립 개척보다는 재정 지원을 선호한다. 교회 개척 목회자도 대부분의 재정을 예배당 마련에 사용한다. 그렇지 않은 경우도 있지만, 이것들은 일반적인 것이 아니라 특별한 경우에 해당한다. 특별히 1980년대 이후, 신도시 개발 지역의 교회 개척 역사 속에서 예배당 등의 시설 때문에 성도 수가 빠르게 불어난 교회도 많았다.

이와 같은 예배당 중심의 교회 개척 경험은 한국 교회 내에서 일반화되었을 뿐 아니라 당연시되었다. 한국 선교 공동체 구성원들은 선교지에 나오기 전에 한국에서 신앙생활을 하고 교회 사역을 하며 이러한 문화적 현상을 직접 경험했다. 이들은 예배당을 통한 빠른 양적 성장의 신화도 직간접적으로 보고 들었다. 교회 성장이 안 되는 주요 이유 중 하나로 주변 교회들보다 열악한 교회 시설이 흔히 거론되고 받아들여졌다.

교회 개척에 대한 이러한 문화적 이해는 한국 선교사들의 타문화권 교회 개척에도 영향을 끼쳤다. 비록 지역과 민족마다 문화가 다르고 상황이 다르더라도, 예배당이 교회 개척과 성장에 매우 중요하다는 신념을 한국 교회들은 물론이고 한국 선교사들도 가지게 되었다. 마치 한국에서 그랬던 것처럼, 예배당만 있으면 현지 교회가 곧 자립할 뿐 아니라 전도하는 교회 혹은 선교하는 교회가 될 것이라고 선교사들은 기대한다. 한 예로, 필리핀의 김춘자는 경제적으로 중하층 혹은 하상층이 모여 사는 지역에 예배당을 건축하면 자립의 가능성이 높다고 보았다.

> 돈을 들여 그런 곳에 예배당을 짓고 교회를 개척해야 금방 자립하고
> 다른 교회까지 도울 수 있는 교회로 세울 수 있다.[7)]

또한, "강요된 선택"[8)]에 의한 한국 교회의 교회 개척 방식이 무비판적으로 선교지에서도 사용될 수 있다. 한국 교회의 이슈 중 하나가 목회자의 과잉 배출이다. 한국 교회가 폭발적 성장을 할 때에는 신학교의 난립과 목회자의 양산이 양적인 측면에서 그다지 문제가 되지 않았다. 하지만, 한국 교회의 양적 성장이 정체 혹은 감소의 시기에서 많은 목회자 배출은 여러 문제를 잠재적으로 가지게 된다.

담임목사나 부목사로 청빙 받지 못하거나 그와 유사한 상황에 처한 목회자들 중의 많은 수가 자의 반 타의 반으로 교회 개척에 참여했다. 오랜 준비 없이 등 떠밀리듯 교회 개척을 하게 된 이들 중에는 예배당을 준비하는 데 급급한 경우가 종종 있다. "신학생의 과잉 배출은 그동안 수많은 교회의 개척을 통한 한국 감리교회 양적 성장에 기여할 수 있었지만 다른 한편 준비되지 못한 개척으로 인해 교회를 유지할 수 없어 미자립 교회로 머물러 있거나 교회가 폐지되는 불행한 결과를 초래"[9)]했다.

한국 교회 안에서는 "강요된 선택"의 교회 개척을 흔히 부정적인 시선으로 보지만, 선교지에서도 이것이 고스란히 반복된다. 한

국 선교사들의 교회 개척은, 특별히 교단 선교사들의 교회 개척은 현지 신학생 혹은 목회자들을 통해 이루어진다. 이들은 자신을 청빙할 현지 교회가 많이 없는 현실 속에서 한국 선교사들과 함께 교회 개척을 시작한다.[10] 한국 선교사들은 이들의 생활비와 목회비를 지원하며 교회를 개척한 뒤에 이 교회들이 수십 명의 규모로 성장하면, 한국에서 예배당이 있으면 교회 성장이 빠르다는 고정관념을 바탕으로 현지 교회의 빠른 성장과 자립을 기대하며 예배당 건축 지원을 한다. 현지 신학생과 목회자들이 충분히 준비하지 않은 상태에서 "강요된 선택"처럼 교회 개척을 할 경우, 이들이 예배당 건축 지원을 받더라도 미자립에 머물며 또 다른 재정 후원자를 찾거나 교회 문을 닫는 경우가 빈번히 나온다.

예배당 중심의 신앙을 가진 한국 선교사들에게 선교지 교회를 위해 예배당 건축을 지원하는 것은 당연하게 보일 수 있다. 한국 선교사들이 한국 교회의 과거 경험을 돌아보는 것을 통해 많은 통찰력을 얻을 수 있다. 선교지에서 상대적으로 소수인 기독교인들이 복음을 따라 살며 변화된 삶을 보여 주는 것이 외세의 개입으로 보일 수 있는 예배당 건축을 통한 전도 전략보다 효과적이다.

타문화권 훈련의 부족과 결여

특별히, 선교사들이 타문화권 사역을 위한 훈련을 충분히 받지 않았을 경우, 한국의 경험을 선교지에서 무비판적으로 적용하는 것은 더욱 심할 수 있다. 단일 문화권에서 자란 한국 선교사들은 문화적 차이에 대한 이해 부족 때문에 타문화권 사역을 위한 훈련을 충분히 받지 않았다면, 한국과 선교지를 동일시 취급하며 한국 방식을 선교지에 무리하게 적용하기 쉽다.

한 가지 예를 들어 보자. 한국 교회는 세계 교회에서 새벽 기도로 유명하다. 한국 교회 중에는 새벽 기도로 유명해진 교회도 있을 정도이다. 한국 교회나 목회자 중에는 한국 교회처럼 선교지 교회도 새벽 기도회를 해야 한다고 생각하는 이가 적잖이 있다. 과연 적절한 생각인가?

한국 선교사들이 한국 교회가 새벽 기도회를 유지하는 것은 적절하다고 생각한다. 한국 교회의 오랜 전통 가운데 하나일 뿐 아니라 한국 성도들에게 기도의 도전과 격려를 하기에 바람직하다. 한국 선교사가 선교지에서 기도를 강조하는 것도 적절하고 성경적이다. 기도는 하나님과의 대화이고, 이것은 아무리 강조해도 지나치지 않는다. 다만, 한국 선교사가 기도 자체보다 새벽 기도를 더 강조하고 있다면, 재고할 필요가 있다. 기도는 성경적이고 신앙에 필수적인 요소이지만, 새벽기도는 한국 기독교의 문화적 요소가 포함된 것이다.

단일 문화와 언어의 한국 선교사들은 다른 어느 나라의 선교사보다 더 타문화권 선교 훈련이 필요하다. 사실 한국처럼 단일 문화와 단일 언어를 가지고 있는 나라는 드물다. 한국 사회를 하나로 결집시키는 일에는 많은 도움이 되었다. 하지만, 다른 문화와 언어의 사람들을 이해하는 데에는 부정적이다.

선교지의 사람들과 문화에 대해 충분히 이해하지 못했을 경우, 선교사는 자신의 문화 틀로 선교지를 이해한다. 선교지 문제를 한국에서 유사한 문제를 해결하는 방식으로 바라보고 그에 따라 행동한다. 따라서, 한국 선교사들은 타문화권을 이해하기 위한 훈련이 필요하다.

하지만, 현실은 그렇지 않다. 안타깝게도, 적절한 선교 훈련을 안 받거나 못 받은 채 선교지로 들어간 선교사가 많다. 안희열은 2005년부터 2010년까지 약 6년 동안 파송 받은 인원의 약 40퍼센트 정도가 훈련을 받지 않았을 것으로 추산했다.[11] 조용중은 이 기간 동안 4개월 이상의 훈련을 받고 선교지에 간 선교사는 전체의 20퍼센트를 넘지 않을 것으로 보았다.[12] 네팔의 경우, 충분히 그리고 적절한 선교 훈련을 받은 선교사도 많았지만, 그렇지 않은 이들도 적지 않았다.[13]

타문화권에 대한 훈련을 충분히 받지 않은 한국 선교사는 선교지의 예배당 건축 문제를 한국식으로 이해하고 대처하기 쉽다. 한국에서 효과적이었던 교회 개척 방식이 선교지에서도 반드시 효과적인 것은 아니다. 교회 개척에 대한 성경적 근거와 원칙들은 고수하되, 그 방법에 있어서는 현지 문화를 따라야 한다. 이것을 위해서, 한국 선교사는 선교지의 언어뿐 아니라 문화도 심도 있게 연구해야 한다.

온정주의

한국 교회와 선교사들이 온정주의(paternalism)를 가지고 있기 때문이다. 한국 선교사의 온정주의적 사고를 크게 두 가지 형태로 구분할 수 있는데, 하나는 한국 교회의 경험과 능력에 대한 긍정적 평가이고, 다른 하나는 현지인들의 문화와 능력에 대한 부정적 평가이다. 선교지의 성도들이 예배당을 스스로 건축할 수 없을 정도로 가난하기 때문에 한국 교회 등 외국 교회의 재정 지원이 절대적으로 필요하다고 생각하는 것은 온정주의적 사고에서 유래하는 것일 수 있다.

가난하고 미약하다고 해서 스스로 예배당을 마련할 수 없는 것은 아니다. 흥미롭게도 한국 교회는 오랜 세월 동안 가난한 교회였다. 그럼에도 불구하고 한국 교회는 자신의 예배당을 스스로 건축하는 교회였다.

> 많은 경우에 한국의 그리스도인들은 '자기들의 사가를 교회당으로 내어놓기도 하였다. 그렇지 않은 경우 그들은 주로 한국식 가옥을 구입해서 예배당으로 사용하였다.[14]

최동규는 네비우스 정책 이전에도 예배당 건축을 자력으로 하는 것을 한국 교회 성도들은 당연하게 여겼다고 한다.[15] 1884년부터 1934년까지 50년 동안 조선 땅에 세워진 "1,500개 이상의 교회들 중에서 선교부로부터 도움을 받아 지어진 교회는 20개를 넘지 않았다고 한다."16)

한국 교회는 가난했음에도 불구하고 스스로 예배당 건축을 할 수 있었지만, 다른 나라의 교회는 가난 때문에 건축 지원을 받아야 한다는 말은 설득력이 떨어진다. 19세기 말부터 20세기 초반까지 한국은 너무나도 가난했고, 한국 교회는 가난한 이들의 교회였다. 한국 교회는 가난하기도 했지만, 아시아의 어느 나라는 그럴 수 없다고 하는 것은 자문화 우월주의적이라고 할 수 있다.17)

현지인들의 문화와 능력에 대한 부정적인 평가들을 여러 연구에서 찾아볼 수 있다. 앞의 장에서 살펴 본 사례들에 따르면, 한국 선교사들은 아시아, 아프리카, 남미의 많은 지역의 현지 기독교인들이 단순히 가난한 정도가 아니라 너무 가난해서 스스로의 힘만으로 예배당을 건축할 수 없다고 생각한다.

예를 들면, 김춘자는 예배당 건축을 현지인들에게 짐이고 최소한 교회 설립 초기에는 힘들다고 보았을 뿐 아니라, 이것이 바로 선교사가 현지 교회를 대신해서 예배당을 건축해 주어야 하는 이유가 되었다.18) 이증재도 한국 선교사들이 선교지에 대해 "무비판적인 동정"19)을 한다고 지적했다.

이현모도 선교사의 현지인 재정 지원에 대해 강력히 경고했다.

무분별한 선교비 지원은 교회의 자립 의지를 크게 축소시키기도 했다. 특히 가난한 지역에 대한 선교비 지원을 서구 교회는 구제 차원에서 생각했지만 실제 현지 교회들에게는 구제가 아니라 의존도를 높이는 효과만을 불러일으켰다. 그리스도인들이 베푼 선의의 관대함이 의존성을 조장한다는 교훈을 서구 교회는 뼈아픈 실패를 통해서 배우게 되었다.[20)]

세계의 많은 나라의 경제 규모와 환율을 고려할 때, 서구 혹은 한국 선교사들의 재정은 현지인이 모은 헌금보다 비교할 수 없을 정도로 크기 쉽다.[21)] 일례로, 네팔의 교사 초봉은 20만 원이 채 되지 않는데, 우리나라의 교사 초봉은 월 200만 원이 넘기에, 한국 교사의 십일조가 네팔 교사의 월급보다 많다. 선교지에서 허름한 집에 살며 변변찮은 식사를 하며 옷도 몇 벌 되지 않는 목회자들과 성도들을 보면, 안타까운 마음이 드는 것은 인지상정이다.

선교지의 성도들에게는 예배당 건축 비용이 매우 큰 금액이지만, 선교사와 한국 교회에게는 상대적으로 적은 액수이기 쉽다. 선교지의 물가가 상대적으로 낮아서 선교지의 예배당 부지와 건축 자재비도 한국의 비용에 비해 크게 낮다. 따라서, 한국 교회에게 선교지에서의 예배당 건축은 국내의 예배당 건축에 비해 많이 저렴해서 비용에 대비해서 좋은 효과를 낼 수 있는 것으로 비칠 수 있다.

환율 차이와 물가 차이와 경제 규모 차이를 바탕으로 선교지의 예배당 건축을 지원하는 것은 단기적으로 긍정적일 수 있으나, 장기적으로 해가 될 수 있다. 변창욱은 선교사들이 모금한 재정이 현지인의 헌금보다 비교할 수 없을 정도로 큰 데 선교사들을 통한 재정 유입이 있으면 현지 기독교인들의 자조는 매우 어렵다고 지적했다.[22] 김춘자도 "아마도 넘치도록 유입되는 외부 재정"[23]이 재생산하지 못하는 선교 구조를 만든다고 보았다. 경제학적으로는 효과적으로 보일 수 있으나, 교회 자립의 관점에서는 그렇지 않다.

선교지의 성도들이 가난해서 교회 예배당을 스스로 건축할 수 없을 것으로 생각하는 것은 지나친 비약이고 선교지 성도들에 대한 부정적 평가이다. 그리고 이것이 의존적 교회의 원인일 수 있다. 선교지 성도들이 가난하기 때문에 선교사가 선의로 재정을 외국에서 가져와 현지 교회를 세우려고 하는 것은 "자립하지 못하는 교회, 지도력을 갖지 못하는 교회의 첫 걸음"[24]이다. 적은 수입에서 쪼개어서 내는 헌금으로는 경상비 지출과 예배당 건축을 함께할 수 없다고 보는 이도 있지만,[25] 꼭 그렇지 않다.

태국 북부 치망마이의 소수 부족인 카렌족은 스스로의 힘으로 예배당 건축을 하고 있다. 2017년과 2018년에 카렌족 교회 3곳이 스스로의 힘으로 예배당 건축을 마쳤다.[26] 보깨오 교회는 300명이 넘는 세례 교인이 1인당 평균 6개월 정도의 수입(약 2만 바트, 70만원)을 건축 헌금으로 내어 놓았다. 우리 돈으로 2억 2천 만 원 이상이 되는 총 650만 바트를 모아 건축 회사를 통해 예배당 건축을 했다. 손사왕 교회와 매옴숭 교회도 현지 교인들이 내어 놓은 건축 헌금과 자신의 땀과 노동으로 예배당을 지었다.

위에서 언급한 이 세 교회에 공통점이 있다. 그들은 외부에 도움을 요청하지 않았다. 외부에서 방문시 소정의 헌금을 주면 받았지만, 일부러 도움을 요청하지는 않았다. 성숙한 자세인데 이것은 성경의 가르침인 헌신과 희생 그리고 협력을 실천한 것이다. 그 결과 그들은 자부심을 가질 수 있었고 주인으로서의 자세를 경험할 수 있었다. 그리고 후손들에게도 어떻게 헌신하여야 하는가를 보여 주었다.[27]

세 교회의 주변 교회들도 스스로 예배당 건축을 할 수 있었지만, 대부분 지원 요청을 하거나 지원 제안을 받아서 외부의 지원을 받았다고 한다.[28]

사실 어느 나라든지 예배당 건축은 경제적으로 크게 부담되는 프로젝트이다. 이것은 선교지 교회뿐 아니라 OECD 회원국인 우리나라의 교회도 마찬가지이다. 우리나라의 많은 시골 교회가 재정 부족의 이유로 예배당 건축은 물론이고 개보수를 엄두도 내지 못한다. 지난 수년 간 예배당 건축을 한 뒤에 재정적 부담을 견디지 못해 어려움을 겪는 교회들을 주변에서 어렵지 않게 볼 수 있다. 심지어 성도들이 희생적으로 헌금하고 금융권에서 융자를 받아 가까스로 예배당을 지었지만, 기대한 만큼 교회가 성장하지 못하거나, 교회 구성원들 사이의 불화, 대출 이자의 압박을 이기지 못해 어렵게 신축한 예배당을 이단 종파에 매각하기도 한다.

이단에 매각되는 교회들이 지속적으로 늘고 있는 것도 우려할 만

한 일이다. 특히 하나님의교회가 기성교회 매입에 열을 올리고 있다. 2014년 경기도 성남시의 한 장로교회와 2012년에는 충남 서산의 교회 등이 재정 압박을 이기지 못하고 하나님의교회에 건물을 넘겼다. 2009년 인천시의 한 감리교회도 교회를 이전하는 과정에서 기존 교회를 하나님의교회에 매각했다. 강변북로 바로 옆에 위치한 한 장로교회는 2006년 주요 교단들이 교류를 금지한 한 종파에 교회를 팔았다.[29]

선교지 교회가 가난하다고 하나님의 일을 할 수 없을 정도로 무능하지 않다.

선교사는 먼저 현지인 교인은 가난하다는 시각과 당장 선교사가 헌금하지 않으면 교회 운영이 어려울 것이라는 생각에서 벗어나야 한다.[30]

현지 교회는 가난하니, 외국 재정으로 예배당을 건축할 수밖에 없다고 생각하는 것은 지나치게 단순한 생각일 뿐 아니라 오랜 기간 동안 부정적 결과를 낳을 수 있는 성급한 결정일 수 있고, 서구 선교사들의 온정주의적 행동을 답습하는 것이다.[31]

뿐만 아니라, 선교지의 성도들은 의례 미성숙하고 의존적이라고 생각하는 것이 온정주의적 사고이다. 1938년에 캄보디아에서 사역했던 서양인 선교사는 "캄보디아를 비롯한 불교 국가에서 교회 재정 자립이 더딘 것은 모든 사람의 수동적인 태도 때문"[32])이라고 했는데, 이것은 매우 자문화 중심적인 시각에 토대를 둔 온정주의적 사고이다.

만약에 선교지 성도들이 수동적이라고 한다면, 이것은 회심이 온전히 이루어지지 않은 것의 방증으로 보는 것이 더 설득력이 있다. 왜냐하면 회심자는 새로운 세계관을 바탕으로 자기 이해의 변화를 경험할 뿐 아니라 자립의 경험은 자립 정신을 강화시키기 때문이다. 민경배는 한국 선교 초기의 하류층과 부녀층이 예수를 믿으며 변화를 경험하고 "자의식을 가지게 되고 힘이 솟아 당당한 인간으로 행세하게" 되었고, 개인적, 교회적, 사회적 자립의 경험을 했다고 지적했다.[33)]

자기 이해의 변화를 경험한 한국 교회는 가난했지만 1897년에 이미 인도의 자연 재해 피해자들을 위한 구제 헌금을 거두어 보내었다.[34)] 변창욱은 중국 일부 지역에서 예배당 건축을 위해 성도들이 건축 헌금은 물론 건축 자재를 헌물로 내어 놓거나 가진 것이 없는 사람은 노동으로 봉사하기도 했던 예를 소개했다.[35)] 선교지 성도들이 헌금이 아닌 다른 방법으로 예배당 건축에서 주도적인 역할을 할 수 있는 방법들이 존재한다.

선교사의 온정주의적인 태도는 선교지 교회의 예배당 건축을 지원하는 것의 원인이 된다. 온정주의를 구성하는 요소 중 하나가 사랑과 관심이다. 하지만, 사랑과 관심을 온정주의와 구별하는 것이 필요하다. 선교지 성도들을 대신해서 예배당을 건축하는 것이 쉽고, 빠르고, 가시적이고, 흡족할 수 있다. 하지만, 이것은 온정주의적 행동이다.

경쟁 문화

한국 교회와 선교사들도 한국의 경쟁 문화에 너무 익숙하다. 현대 한국 사회는 제한된 자원과 기회를 획득하기 위한 개인들의 경쟁이 하나의 문화적 현상으로 굳어졌다. 우리 전통 사회는 농경 사회로서 대대로 한 곳에 정주하며 이웃과 서로 도우며 살아가야 했기에 경쟁보다는 조화와 상조의 사회였다. 농업 사회의 미덕인 협동과 배려는 근대 산업 사회에서 경쟁과 성취로 대체되었다. "승자 독식"은 현대 한국 사회를 설명하는 핵심 어구 중 하나가 되었다.

한국 전쟁 이후, 한국 사회는 극심한 가난과 생존의 위협 속에서 사회 구조가 붕괴된 동시에 사회 재건이라는 기회 앞에서 엄청난 경쟁 체제 속으로 들어갔다. 우리 사회는 산업 발전 과정에서 제한된 재화와 기회를 구성원들에게 균등하게 나누기보다는 소수에게 집중했다. 이것을 획득하기 위해 구성원들은 서로 경쟁했다.

한국인들은 어린 나이부터 친구들을 잠재적인 경쟁 상대로 보도록 교육을 받았다. 또한 취직과 승진 과정에서도 경쟁이 빠지지 않았다. 한국인들은 경쟁에서 앞서기 위해 부단한 노력들을 해야 했다. 우리들은 경쟁에서 앞서기 위해서는 남들보다 더 노력해야 했고, 편법과 불법도 '어쩔 수 없다.'라는 생각과 관행의 이름으로 이루어졌다. 최종 승자의 잘못에 대해서는 너그러웠고, 최종 승자가 열매를 독차지했다.

물론, 최근 한국 사회는 새로운 변화를 경험하고 있다. 우리나라의 정치는 군사 독재의 권위주의에서 벗어나 민주주의 정치가 성숙해졌다. 우리나라의 민주주의가 아시아에서 으뜸이라고 해도 과언이 아니고 세계적으로도 앞선 나라가 되었다. 그동안의 경제 발전을 통해 국가가 부를 축적하였고 개인들의 삶도 많이 나아졌다. 인구학적 측면에서도 요즘 젊은 세대는 과거에 비해 경쟁자들의 수가 급격히 감소했다. 하지만, 여전히 한국 사회 곳곳에서 경쟁 문화는 여전하고 구성원들의 체감은 예전과 크게 달라 보이지 않는다.

우리 사회의 경쟁 문화는 한국 교회에도 큰 영향을 끼쳤다. 1950년대 후반 이후, 한국 교회는 극심한 교단 분열의 진통을 겪었다. 문화체육관광부가 2011년에 발표한 「한국의 종교 현황」에 따르며, 한국 교회의 총 교단·교파 수는 232곳에 달한다. 이 같은 우리나라의 개신교 교단·교파들의 분열은 선교지에서 교파 간의 경쟁으로 종종 이어진다.

동일 교파의 여러 교단에서 파송 받은 한국 선교사들이 제각기 신학교를 설립해서 운영하는 것을 여러 나라에서 발견할 수 있다. 동북아 어느 나라에는 개신교 선교 초기에 국제적으로 연합하여 설립해서 운영하는 연합 신학교가 있다. 이 학교가 잘 운영되고 있는데, 몇 명의 한국 선교사가 신학적 이유를 들며 자신이 속한 교단의 후원을 받아 교파 신학교를 설립해서 운영한다.

안타깝게도, 이 나라에는 아직 기독교 인구가 많지 않고, 목회자 후보생이 많지 않다. 이런 나라에서 신학교의 난립은 학생 모집과 학교 운영을 어렵게 한다.

서남아시아의 어느 나라의 경우도 유사하다. 이 나라에는 감리교 신학교가 둘이고 감리교단이 세 개가 된다. 또, 장로교 신학교가 셋이나 되고, 이중에 2개는 한국의 동일 교단 교회들이 세운 것이다.

선교지에서 경쟁이 심해지면, 물량 선교로 이어지기 쉽다. 하나님의 일을 성실히 하는 두 명의 좋은 선교사가 있다고 하자. 두 사람 중의 한 사람은 재정이 넉넉하고 다른 사람은 그렇지 않다고 한다면, 현지인은 누구와 협력해서 사역하기 원하겠는가? 동일 조건이라고 한다면, 재정이 넉넉해서 현지 교회에 재정 지원을 할 수 있는 선교사가 더 많은 현지 동역자와 사역할 것이다. 바꿔 말해서, 넉넉한 재정을 가진 선교사는 현지인의 도움을 얻어 더 많은 사역을 할 수 있고 더 많은 가시적 결과를 거둘 수 있다. 이것을 통해, 선교사는 개인적으로 사역의 만족감을 누릴 수 있을 뿐 아니라 한국 교회로부터 긍정적인 평가를 받을 수 있다.

다수가 물량 선교를 할 때에 소수가 원칙을 지키기 힘들다. 원칙을 지키는 소수는 정서적으로 근거 없는 무력감 혹은 자괴감을 경험할 수 있다. 물량 선교를 하는 이들에게 현지인 성도들이 몰려가면서 소수의 원칙주의자들이 사역의 피해를 실제로 입을 수 있다.

> 많은 선교사가 손쉽게 선교 자금을 끌어와 선교하는 상황 속에서 자
> 립 선교를 고집하며 추진하는 것은 결코 쉬운 일이 아니다.[36]

김춘자도 이를 뒷받침하는 말을 했다.

> 이미 다른 교회들은 모두 선교사들이 건축해 주는 것이 당연시 되고
> 있는데 우리만 그중에 끼어 네비우스 원칙 운운한다면 오히려 어리
> 석은 일이 될 것이다.[37]

교회 개척과 예배당 건축에 있어서 원칙을 지키는 이들도 적지
만 있다. 이들의 사역은 가시적 성과가 비교적 적어서 한국의 후
원 교회로부터 물량 선교를 하는 사역자와 비교해서 무능력한 사
역자로 평가받을 위험도 있다. 왜냐하면 이들의 행동은 선교지 예
배당 건축 지원에 대한 한국 교회의 문화적 이해와 반대되는 것이
기 때문이다.

한국의 경쟁 문화는 선교지에서 물량 선교로 이어지고, 예배
당 건축 지원의 원인이 된다. 한국 선교사들은 자신이 경쟁주의적
이지 않지만, 경쟁적인 문화에 익숙하다는 것을 인식하면 좋겠다.
자신도 경쟁 문화에 젖어서 본의 아니게 경쟁적 행동을 할 수 있
다는 것을 인식하자. 그리고 다른 선교사들과 상생을 추구하는 노

력을 하는 것이 필요하다.

이론과 실제의 괴리

한국 선교사들 중에 교회 개척과 예배당 건축에 대해 이원론적 접근을 하는 이들이 있다. 한국 문화의 이원론적 사고관은 한국 선교사의 선교지 예배당 건축에도 영향을 미쳤다. 사실 이것은 이론과 실제가 다르더라도 이상할 것이 없는 한국인의 이원론적 사고관에 기초하고 있다.

이 연구에서 소개된 사례들의 연구자들은 한국에서 사용된 네비우스 방식을 긍정적으로 평가하지만, 20세기 초의 한국과 현재 선교지의 상황이 다르기 때문에 이 방식을 채용할 수 없다고 주장했다.

> 네비우스 정책은 한국 선교 전반의 대원칙이 되어 한국 초기 교회 성장에 많은 공헌을 하였다고 사료된다. … 그럼에도 선교지의 상황이 다르기 때문에 선교 전략을 일률적으로 적용한다는 것은 바람직하지 못하다고 사료된다.[38]

> 네비우스의 삼자 정책은 선교지 토착 교회 자립을 위해 매우 중요하고 유용하지만, 그것은 토착 교회가 처한 상황 속에서 융통성 있게 적용되어야 한다.[39]

이증재도 캄보디아에서 선교사들이 목회자 지원과 예배당 건축 등을 많이 하는데 그렇게 하지 말고 네비우스 원칙을 준수해야 한다고 주장했다.[40]

예장 합동의 해외 선교를 분석 연구한 강승삼도 선교지 교회 개척과 예배당 건축과 관련해서 한국 선교의 이원론적 사고와 행동에 대해 강력히 비판했다.

> 토착 교회를 세워야 한다는 삼자 원칙의 네비우스 선교 방법을 완전히 망각한 채 한국 교회가 전적으로 비용을 들여 예배당을 지어 주고 헌당 예배를 주도하는 사례가 비일비재하였다.[41]

한국 교회의 타문화권 교회 개척은 이론과 실천 사이에 커다란 간극이 존재한다. 이론과 실제 사이의 큰 간격은 바른 신학에 기초를 둔 실천을 하지 않는 이유이다. 그 원인은 다양할 수 있다. 교회 개척 이론을 면밀히 공부하지 않은 이들도 있을 수 있다. 이론이 적용되는 현장 경험이 부족한 이들도 있을 수 있다. 자신의 주관적 경험을 과도하게 신뢰하는 이들도 있을 수 있다. 교회 개척 사역에 대한 이원적 사고가 선교지 예배당 건축 지원을 고려하는 단초를 제공한다.

구체적인 원칙과 전략의 부재

1980년대 이후 한국 교회의 타문화권 선교는 큰 변화를 경험했다. 한국 사회가 큰 경제 발전을 경험했고, 한국 교회도 많이 넉넉해졌다. 이와 함께 한국 선교사 수도 폭발적으로 증가했다. 이런 큰 변화 속에서 한국 선교는 원칙과 전략 부재의 선교 상황에 직면했다. 이것은 네비우스 원칙과 전략에 토대를 둔 교회 개척을 하던 한국 교회의 초기 타문화권 선교와 많이 다른 것이었다.

1980년대 이후 한국 교회는 성장 주도형의 개교회주의의 물결 위에서 타문화권 선교를 펼쳤다. 따라서 이 시기 이후 한국 선교는 자발적이며 희생적인 긍정적인 성격과 함께 무계획과 무정책이라는 부정적 성격을 지니게 되었다. 물론 한국 선교의 성격은 1990년대를 지나며 운동(movement)에서 기구(institution)로 바뀌면서 다양한 영역에 있어서 전략적 사고를 시작했다.[42] 안타깝게도 대부분의 경우에 이것은 아이디어와 제안 수준에 머무를 뿐 강제력이 없었다. 따라서, 한국 교회가 원칙과 전략을 실제로 수행하는 것은 상당히 어려웠다.

1980년대 이후의 한국 선교의 폭발적 성장과 동반된 선교 정책과 전략의 부재는 선교지 예배당 건축과 같은 물량 선교의 단초를 제공했다.[43] 선교 역사에서 외국 교회의 예배당 건축을 포함한 선교지 재정 지원은 긍정적 결과보다 부정적 결과가 훨씬 더 많았다는 사실을 어렵지 않게 발견할 수 있다. "선교사의 풍부한 재정 후원으로 지어진 교회가 건강하게 성장하지 못하고 선교사의 도움을 많이 받지 않은 교회가 더 건실하게 성장"[44]했다. 파키스탄의 경우를 보아도 외부의 재정 유입이 선교지 성도들의 자립

의지를 가지는 데 부정적 영향을 미쳤다.[45]

한국 교회와 선교사들은 흔히 자립, 자치, 자전으로 요약되는 네비우스 원칙을 대체할 선교 원칙이나 전략을 수립하고 일관되게 실행하지 않았다. 네비우스 원칙과 전략이 선교 현지에 적절하지 않다고 판단하고 포기 혹은 유보한다면, 이를 대체할 전략을 구체적으로 수립하여 일관되게 실행에 옮겨야 했다. 하지만, 경쟁 속에서 성과를 조급히 내어야 한다는 심리적 부담감을 가진 한국 교회는 조금 더 통제가 가능하고 가시적인 예배당 건축과 같은 사안에 관심을 가지게 되었다.

한국에서 네비우스 정책을 실행한 서구 선교사들은 달랐다. 한국에서 선교했던 이들은 한국과 한국 교회의 극심한 가난을 보면서 한국 교회를 경제적으로 지원하고 싶은 마음을 가졌을 것이다. 그리고 일부 그렇게 한 서양 선교사도 있다. 한 예로, 공주제일교회가 1907년 이후 신앙 부흥으로 짧은 시간 내에 50-60명에서 300여 명으로 성도 수가 갑자기 늘자 예배당을 지어야 했는데, 이때 무명의 미국인 성도의 헌금으로 예배당 건축을 했다.[46] 이 교회는 지속적으로 빠르게 성장해서 여러번 예배당 건축을 해야 했고, 그때마다 자력으로 예배당을 건축했다.

한국 교회의 예배당 건축 경험은 우리에게 시사하는 바가 크다. 많은 한국 교회의 예배당은 한국인 성도들의 희생으로 지어졌다. 그리고 선교사들이 돕고 싶었던 마음을 참고 기다렸기 때문에 가능하기도 했다.[47]

다음은 원칙과 현실 사이의 괴리에서 고민이 많았음을 보여 주는 마펫 선교사의 고백이다.

> 자립 정책을 세우는 것도 쉬운 일이 아니었지만 이 정책을 계속 고수하는 것도 쉬운 일은 아니었다. 자립 정책을 포기하고 싶은 유혹을 많이 받았고 자주 받았다.[48]

일례로, 소래교회 성도들이 선교사들에게 예배당을 지어달라고 했으나, 선교사들은 이 요청을 거절했다.[49] 오히려 수년 뒤에 선교사가 소래교회에 건축하기를 권면했고 이에 따라 소래교회 성도들은 스스로의 힘으로 예배당을 건축했다.[50] 원칙을 준수하기보다는 눈앞에 보이는 상황이 너무나도 딱할 뿐 아니라 자신이 현지인 대신 할 수 있는 능력을 갖추고 있다는 생각이 들면, 원칙을 포기하고 상황에 맞추어 사역하고 싶은 것은 서양 선교사나 한국 선교사나 마찬가지이다. 그렇지만 최종 선택은 달랐고 이것은 문화적이라고 할 정도로 대체로 일관된 행동들이었다. 만약 선교사들이 한국 교회의 예배당 건축에 재정 지원을 하더라도 삼분지일을 넘지 않았다.[51]

사실 구체적인 원칙과 전략의 부재는 사역이 안일하고 소모적으로 흐르도록 방기하는 것이다. 이증재는 "적절한 곳에 적절한 방법을 따라 교회를 개척하지 못하고 돈으로 많은 교회를 지원하는 것으로 개척과 선교를 대신하는 경우가 적지 않은데 그 같은 안일하고 소모적인 교회 개척과 선교는 지양되어야 한다."[52]라고 말했다. 구체적인 계획과 전략을 일관되게 실천하는 것은 매우 어렵지만, 이것이 지켜지면 장기적으로 좋은 열매를 거둘 수 있다.

구체적인 원칙과 전략의 부재는 선교지 교회의 예배당 건축 지원으로 이어진다. 선교사들이 사역의 비전과 목표를 가지는 것은 바람직하다. 한편, 선교사들은 사역의 비전과 목표를 성취하기 위한 일련의 과정에 대해 계획을 가지고 있는가? 선교사들은 사역의 원칙들을 가지고 있는가? 그렇지 않다면, 주변 사람들을 따라서 예배당 건축 지원을 고려하기 쉽다.

3. 나가는 말

한국 교회와 선교사들의 선교지 예배당 건축 지원은 문화적 행동이다. 문화적이라는 말은 사람들 다수의 태도와 생각과 행동이라는 뜻이다. 한국 교회는 일반적으로 이것을 당연히 여기고 긍정적으로 간주하지 나쁘게 보지 않는다. 일반적으로 한국 선교 공동체의 구성원들은 이것에 대해 심각하게 고민하거나 검증하려고 하지 않는데, 이유는 문화적이기 때문이다. 문화적이라고 해서 모든 사람이 같은 생각을 한다는 것은 아니다. 이 이슈에 대해 다른 견해를 가지는 사람들도 있다. 사실, 이 책의 내용과 주장이 적잖은 사람에게 불편할 수 있다.

선교지 교회의 예배당 건축을 지원하는 것은 일부 교회나 선교사들의 일탈이 아니다. 이것은 선교지 경험의 다소와 상관없다. 이것은 선교 훈련의 유무와 상관없다. 선교 현장에서 다수가 예배당 건축을 지원하는데, 홀로 하지 않기가 쉽지 않다. 후원 교회에서 예배당 건축 지원을 희망하는데, 반대하기도 쉽지 않다. 우리나라보다 경제력이 약한 국가들의 연약한 교회들에게 예배당 건축을 지원하는 한국 교회와 선교사를 찾기 어렵지 않다.

따라서, 한국 교회나 선교사들은 이 문제를 현대 한국 선교의 아젠다로 진지하게 고민하며 평가해야 한다. 과연 선교지 교회의 예배당 건축을 지원하는 것이 성경적이고 역사적이고 전략적인가? 오히려 이 문제는 성경과 선교 역사와 선교 전략의 기준으로 철저히 점검되어야 한다. 이 문제는 현대 한국 교회와 선교의 문화적 현상이다.

주 ─────────────────

1) 한국문화인류학회 편, 『낯선 곳에서 나를 만나다』(서울: 일조각, 2006).
2) 이중재, "타문화권 교회 개척 설립 연구", 61.
3) 김춘자, "선교지 개척 교회 자립에 관한 연구", 70.
4) 이중재, "타문화권 교회 개척 설립 연구", 62-63.
5) 이중재, "타문화권 교회 개척 설립 연구", 61.
　　이중재는 여기에서 김활영의 한국 교회 선교에 대한 평가를 인용구처럼 해석했는데, 이것은 본인도 동의하는 말이기도 하다.
6) 강승삼, "한국장로교회 해외 선교의 역사적, 선교 정책적 분석 연구(1965-1990) I", 「신학지남」 73(1)(2006): 128.
7) 김춘자, "선교지 개척 교회 자립에 관한 연구", 70.
8) 박창현, "한국 교회 개척 방식의 문제점과 그 대안", 283.
9) 박창현, "한국 교회 개척 방식의 문제점과 그 대안", 277.
10) 선교지의 신학생과 목회자들이 목회의 소명이나 헌신을 부정하는 것은 아니다. 다만, 교회 개척은 개척자적 정신이 필요하고 희생의 각오와 많은 준비가 필요한데, 어쩔 수 없이 교회 개척을 선택해야 하는 상황에 대한 강조이다.
11) 안희열, "한국 교회의 타문화권 선교에 대한 평가와 제안", 262.
12) 조용중, "한국 선교 현재의 진단과 전망", 「KMQ」 42(2012): 50-51; 안희열, "한국 교회의 타문화권 선교에 대한 평가와 제안", 262에서 재인용.
13) 김한성, 『한국 교회와 네팔 선교』, 90-94.
14) 최동규, 『초기 한국 교회와 교회 개척』(서울: 기독교문서선교회, 2015), 90.
15) 최동규, 『초기 한국 교회와 교회 개척』, 91.
16) 최동규, 『초기 한국 교회와 교회 개척』, 91.
　　최동규는 Charles A. Clark의 "Fifty Years of Mission Organization Principles and Practice"에서 이 내용을 인용하였다.
17) 김춘자, "선교지 개척 교회 자립에 관한 연구", 64.
18) 김춘자, "선교지 개척 교회 자립에 관한 연구", 64.
19) 이중재, "타문화권 교회 개척 설립 연구", 60.
20) 이현모, "선교와 교회 개척", 침례신학대학교 세계선교훈련원 편, 『선교지 교회 개척 이야기』(대전: 그리심어소시에이츠, 2010), 29.
21) 선교사 개인에게 돈이 많이 있다는 뜻이 아니라, 한국 교회와 성도들의 예배당 건축 헌금을 의미한다.
22) 변창욱, "한국 교회의 자립 선교 전통과 비자립적 선교 행태", 258.

23) 김춘자, "선교지 개척 교회 자립에 관한 연구", 58.

24) 장완익, "캄보디아 개신교 90년사에 나타난 교회 자립과 지도력 이양", 「한국 교회사학회지」 37(2014): 157.

25) 김춘자, "선교지 개척교회 자립에 관한 연구", 80.

26) 오영철, "스스로 짓는 교회, 도움 받고 지은 교회", 「ACTS NEWS」 Vol. 52 (2018 December), 10-11.

27) Ibid., 11.

28) Ibid., 11.

29) 장창일, "재정 어렵다고 … 기감, 이단에 교회 건물 팔았다", 「국민일보」(2018년 1월 9일). 2019년 1월 3일 접근.
http://news.kmib.co.kr/article/view.asp?arcid=0012037761

30) 장완익, "캄보디아 개신교 90년사에 나타난 교회 자립과 지도력 이양", 157.

31) 변창욱, "한국 교회의 자립 선교 전통과 비자립적 선교 행태", 241.

32) 장완익, "캄보디아 개신교 90년사에 나타난 교회 자립과 지도력 이양", 141.

33) 민경배, 『글로벌 시대와 한국, 한국 교회』(서울: 대한기독교서회, 2011), 203-204.

34) 민경배, 『글로벌 시대와 한국, 한국 교회』, 204.

35) 변창욱, "중국교회 자립과 효율적인 선교비 사용", 225.

36) 변창욱, "한국 교회의 자립 선교 전통과 비자립적 선교 행태", 258.

37) 김춘자, "선교지 개척 교회 자립에 관한 연구", 64.

38) 정형성, 『네팔 선교에 있어서 교회 설립에 대한 연구』, 111.

39) 김춘자, "선교지 개척 교회 자립에 관한 연구", 85.
김춘자는 위의 말을 하기 바로 전에, 외부에서 예배당을 지어주며 자립 의지를 가진 선교지 성도들을 도우면 그 교회는 빨리 자립할 것이라고 주장했는데, 이것은 논리적으로 모순되는 말이다(84쪽).

40) 이종재, "타문화권 교회 개척 설립 연구", 54-55, 65.

41) 강승삼, "한국장로교회 해외 선교의 역사적, 선교 정책적 분석 연구(1965-1990) I", 127-128.

42) 강승삼, "한국장로교회 해외 선교의 역사적, 선교 정책적 분석 연구(1965-1990) I", 129.

43) 강승삼, "한국장로교회 해외 선교의 역사적, 선교 정책적 분석 연구(1965-1990) I", 127.

44) 변창욱, "한국 교회의 자립 선교 전통과 비자립적 선교 행태", 245.

45) Frederick and Margaret Stock, *People Movements in the Punjab* (Bombay: Gospel Literature Service, 1975), 143-145.

46) 윤애근, 『교회 건축과 목회적 갈등』(대구: 계대학원사, 2017), 87-91.

47) 변창욱, "한국 교회의 자립 선교 전통과 비자립적 선교 행태: 자립적 선교 패러다임으로 변화를 모색하며", 「선교와 신학」 27(2012), 247-253.

48) S. A. Moffett, "The Place of the Native Church in the Work of Evanglization", *Union Seminary Magazine* 22 (October-November 1910): 233; 변창욱, "한국 교회의 자립 선교 전통과 비자립적 선교 행태", 246에서 재인용.

49) 변창욱, "한국 교회의 자립 선교 전통과 비자립적 선교 행태", 253.

50) 변창욱, "한국 교회의 자립 선교 전통과 비자립적 선교 행태", 253.

51) 변창욱, "한국 교회의 자립 선교 전통과 비자립적 선교 행태", 253.

52) 이중재, "타문화권 교회 개척 설립 연구", 60.

제7장

• • •

예배당 건축 지원의
선교적 대안들

1. 들어가는 말

필자는 이 책에서 한국인 선교사들의 예배당 건축 활동을 여러 측면에서 살펴보았다. 신학적인 측면에서 한국 교회의 교회에 대한 이해를 살펴보았다. 준비성이 있고 책임감이 있는 교회 개척 선교사라면 접해 보았을 타문화권 교회 개척 이론들도 확인했다. 한국 교회와 선교사들이 실제로 선교 현장에서 어떻게 교회 개척을 실천하는지의 사례들도 보았다. 기대와 바람과 달리, 선교지 예배당 건축 지원이 낳는 문제들도 고려했다. 왜 선교지 예배당 건축 지원이 한국 교회와 선교사의 일탈이 아닌 문화적 행동인지에 대해서도 자세히 들여다보았다.

그렇다면, 한국 교회는 이제 무엇을 해야 하는가? 선교지 예배당 건축 지원을 반대하는 것으로 충분한가? 선교지에 예배당 건축을 지원하는 것 대신에 할 수 있는 것들이 있지 않겠는가? 그렇다면, 그것들은 무엇인가?

이 장에서는 다음 네 가지 사안에 대해 고민하고자 한다. 과연 선교지 예배당 건축 지원을 지양하더라도, 혹시 이것을 고려할 만한 경우는 있지 않은가? 만약 선교지 예배당 건축 지원을 고려한다면, 이것은 어떤 경우인가? 한국 선교사들이 가장 많이 참여하고 있는 교회 개척 사역에 대해 조금이나마 객관적으로 살펴볼 방법은 없을까? 타문화권 교회 개척 사역에 일반적으로 적용할 수 있는 평가 기준 영역들은 무엇인가? 선교지 예배당 건축 지원에 대한 선교적 함의는 무엇이 있을까? 아시아와 아프리카의 여러 지역에서 펼쳐지고 있는 가정 교회가 일부나마 대안이 될 수는 없는가?

2. 건축 지원을 고려할 경우들

과연 외국 교회가 선교지 교회의 예배당 건축을 지원하는 것이 바람직한 경우는 없는가? 이 책은 지금까지 한국 교회와 선교사들이 선교지 교회를 위해 예배당 건축 지원을 지양해야 한다고 강력히 제안했다. 현지 교회의 건강과 성장을 고려할 때, 예배당 건축 지원은 득보다 실이 훨씬 많다. 과연 선교지 교회의 예배당 건축을 지원하는 것을 고려할 수 있는 예외적 경우들은 없는가?

예배당 건축을 지원하는 것이 현지 교회에 도움을 줄 수 있는 경우도 있을 수 있다. 다음 세 가지 경우가 그렇다.

첫째, 선교지 교회가 재난 피해를 입은 경우이다. 선교지 교회가 자연 재해나 화재 등으로 예배당이 큰 피해를 입어서 신축이 필요할 수 있다. 아무런 대비도 없이 예기치 못한 재앙으로 예배당이 무너진 경우, 건축 지원을 고려할 수 있다. 이런 경우, 현지 교회가 의존성이 심화되기보다는 격려를 받아 심기일전할 수 있다. 물론, 이 경우도 지원이 지나치지 않도록 유의해야 할 것이다.

2015년 봄에 네팔 고르카지역에 큰 지진이 있었다. 약 만 명이 사망했고, 수십 만 명의 이재민이 생겼다. 이 지역의 많은 가옥이 무너지고 건물이 쓰러지고 다리가 내려앉았다. 무너지거나 크게 파손된 예배당들도 있었다. 예배당을 건축해야 할 성도들이 천막에 살게 되었으니, 자력으로 예배당을 건축하는 것은 매우 힘들 수 있다. 이런 경우, 지진에 큰 피해를 입은 교회들을 대상으로 예배당 건축 지원을 조심스럽게 고려할 수 있다.

2013년, 필리핀의 타클로반이 태풍으로 큰 피해를 입었다. 필리핀 역사상 가장 큰 자연 재해 피해 중 하나였다. 이때, 많은 이재민이 나왔고 교회들도 피해를 입었다. 이 지역의 교회들과 성도들이 자연 재해를 딛고 일어설 수 있도록 구호와 함께 재건 활동의 일환으로 예배당 건축 지원을 고려할 수 있다.

예배당이 화재로 파괴된 경우도 건축 지원을 고려할 수 있을 것이다. 규모가 작은 교회의 예배당이 방화 혹은 실화로 소실되면, 해당 교회의 성도들만의 힘으로 단기간에 예배당을 짓기 힘들 수 있다. 또한, 믿음의 시험이 들 수도 있다. 이때, 건축의 무거운 짐을 함께 나누어지면, 현지 교회에 격려가 될 수 있다.

물론 이때에도, 현지 목회자와 선교사는 선교지 성도들에게 헌금을 요청하고, 이웃 교회들에게도 도움을 요청해야 한다. 이럴 때, 한국 교회와 선교사가 자연 재해나 인재로 예배당을 잃은 선교지 성도들을 위해 예배당 건축의 짐을 나눠진다면 참으로 아름다운 모습일 것이다. 예배당 건축을 지원할 경우에도, 현지 성도들과 교회들과 함께 짐을 나눠지려고 노력하는 것이 필요하다.

둘째, 특수한 교회들의 예배당 건축 지원을 고려할 수 있다. 사회 복지 시설에 예배당을 짓거나, 교도소 내에 예배실 건축을 지원할 수 있다. 교도소 혹은 사회 복지 시설과 같은 곳은 특수 목회지이다. 이 시설들에 수용되는 사람들은 일정 기간이 지나면, 이 시설들을 떠난다. 이 시설들에 수용된 사람들은 대개 수입이 없거나 매우 적다. 이 시설들은 가용 자원이 매우 제한되어 있다. 이런 시설들에 수용된 사람들을 위한 예배당 건축 지원을 충분히 고려할 수 있다. 우리나라에서도 이런 교회의 예배당은 자체 건축이 매우 힘들다.

2018년에 우리나라 육군 논산 훈련소에 새 예배당이 완공되었다. 이 예배당은 신병 교육을 받고 있는 훈련병들의 헌금으로 지어지지 않았다. 한국 교회가 십시일반으로 총 190억 원을 모아서 건축한 것이다. 이 교회에 출석하는 사람들은 흔히 믿음이 없거나 적은 청년들로 턱없이 적다. 그리고 이들은 몇 주 혹은 몇 달 뒤에는 다른 지역으로 배치 받는다. 이들의 힘으로 예배당을 건축하는 것은 아주 매우 힘들다.

셋째, 현지 교회 주도의 예배당 건축에 약간의 도움을 주는 경우이다. 예배당을 건축할 때에 현지 교회가 전체 건축 비용에서 일부분을 부담하는 경우가 종종 있다. 이런 경우, 흔히 현지 교회가 예배당을 건축할 토지를 준비한다. 혹은 선교지의 교회가 전체 건축 비용의 10-20퍼센트를 부담하기도 한다. 현지 교회가 이 정도를 부담하는 것은 바람직하지 않다. 현지 교회가 토지를 비롯해서 총 건축 비용의 80퍼센트 안팎을 부담하는 것이 좋다.

기본적으로 현지 교회가 외국 교회의 도움 없이 예배당을 건축해야 한다. 물론 현지의 해당 교회와 함께 신앙생활한 한국 선교사가 예배당 건축에 참여하는 것은 바람직하다. 다만, 선교사의 재정 지원 규모는 현지 교회의 예배당 건축 여부에 영향을 주지 않을 만큼 하는 것이 바람직하다. 예를 들면, 지원 규모가 아무리 커도 전체 건축 비용의 10-20퍼센트인 것이 바람직하다.

예배당 건축이 끝나고 헌당 예배를 드릴 때, 주인공이 누구인가? 물론, 제일 먼저는 영광을 받으실 하나님이시다. 하나님 다음으로 누가 더 기뻐할까? 현지 교회 성도들이 감격스러워하며 기뻐할 것인가? 아니면 한국 교회의 목사나 선교사 중심으로 헌당 예배가 진행될 것인가? 현지 교회 성도들이 완공된 예배당에 대해 주인 의식을 가질 수 있고, 한국 교회와 선교사가 축하하는 손님의 모습이 되는 것이 바람직하다.

만약 한국 교회와 선교사가 선교지에 건물을 건축하기를 원한다면, 학교 혹은 사회 복지 시설을 고려하는 것은 어떤가? 나라와 지역을 불문하고 학교와 사회 복지 시설은 외부의 지원이 필요하다. 물론 국공립 학교나 사회 복지 시설이라고 한다면, 조금 이야기가 다를 수도 있다.

학교는 학생들이 부담하는 수업료만으로 운영할 수 없고 외부 지원이 필요하다. 우수한 학생이 그렇게 많이 몰리는 하버드 대학교도 학생들의 등록금만으로 학교를 운영할 수 없다. 우리나라 대학교도 등록금 의존율이 높은 점에 대해 교육계는 우려한다. 우리나라 대학교들이 강의실이나 기숙사를 지을 때에는 대기업이나 부자들의 기부금을 받아서 건축하지 않는가? 그러면 기독교 인구가 많지 않은 가난한 학교들은 더욱 어렵지 않겠는가? 선교지의 학교나 사회 복지 시설은 스스로의 힘으로는 필요한 건물을 건축할 수 없다.

교육 기관은 늘 기부금이 필요하고 외부의 재정적 도움이 필요하다. 우리나라의 절대 다수 대학교들은 등록금 의존율이 높다. 이것에 대한 비판의 목소리가 높다. 한편, 일반 시민이나 동문이 대학교에 기부금을 주는 것은 많이 없다. 흔히, 대학교는 등록금 수입이 많으니 재정 지원이 필요 없을 것이라고 한다. 등록금 의존율이 높은 것을 비판하며, 등록금 수입이 많아 기부금을 주지 않는 것은 심각한 모순이 아닐 수 없다.

선교지의 학교는 학생들이 부담하는 수업료가 교사의 월급과 학교 운영에 필요한 비용조차 감당하기 어려운 경우가 많다. 흔히 선교지의 학교들은 학생들의 수업료로 교육에 필요한 시설을 건축하고 교육 기자재를 구매하는 것은 꿈도 꾸기 힘들다. 한편, 학교가 양질의 교육을 위해서는 기본적인 시설과 기자재를 반드시 갖추어야 한다. 선교지의 학교들이 양질의 교육을 할 수 있도록 강의실 등 교육 공간을 마련해 주는 것은 매우 의미 있는 일이다.

선교지의 사회 복지 기관을 위한 건축도 고려할 만하다. 가난한 나라일수록 사회 복지가 필요한 사람들이 많지만, 사회적 약자에 대한 배려가 적기 쉽다. 고아, 노인, 장애인 등이 안전히 거주할 시설을 스스로의 힘으로 마련하는 것은 매우 힘들다. 선교사는 현지 사회와 교회가 복지 시설을 지원하도록 권하면서, 한국 교회의 도움을 받아 복지 시설 건축을 지원하는 것을 고려할 수 있다.

3. 교회 개척 사역 평가 기준의 영역들

교회 개척 사역에 대한 평가 기준이 필요하다. 한국 교회와 선교사들이 선교지에 예배당 건축 지원을 하는 간접적인 원인 중 하나가 예배당 건축이 어떻게든지 선교지 교회의 자립과 성장에 좋은 도움을 줄 것으로 기대하는 것이다. 선교지 교회가 잘 개척되어 성장하는지에 대한 균형 잡힌 평가 기준들이 있다면, 예배당이 아닌 개척 활동에 한국 교회와 선교사들이 조금 더 집중할 수 있지 않을까 기대된다.

교회 개척 사역을 평가하는 기준을 크게 두 개의 영역으로 구분할 수 있다. 하나는 질적인 측면이고, 다른 하나는 양적인 측면이다. 이 둘은 완전히 구분되는 것이 아니라 실제 상황에서는 병행하기 쉽다.

우선 질적인 측면을 살펴보면 이렇다. 선교사가 현지인과 대화할 때에 전도의 대화를 나누는가? 물론, 선교지에 도착한지 얼마 안 되는 신임 선교사나 경계가 매우 심한 중동 이슬람 지역은 조금 더 고려가 필요하다. 일반적으로 말해서, 선교사는 예수님에 관한 대화를 나누는가? 성도의 모임이나 교회에 출석하는 새 신자가 회심의 경험이 있는가? 교회에 출석하는 사람들과 성경 공부와 같은 방법으로 구체적으로 예수님을 전하는 활동을 선교사가 하고 있는가? 새 신자의 신앙이 현세적인 것에서 하나님으로 옮겨 가고 있는가? 새 신자의 성경 지식이 깊어지고 있는가? 새 신자가 전도하는가? 새 신자가 교회 지도자 훈련을 받는가? 이상의 질문들은 선교사가 자신의 교회 개척 사역의 질적인 측면을 평가하는 데 도움을 줄 수 있다.

양적 측면에서는 다음 사항들을 고려할 수 있다. 현지 적응이 끝난 선교사가 얼마나 자주 전도하고 얼마나 많은 사람에게 전도하는가? 선교사가 교회에 출석하기 시작한 새 신자들을 얼마나 만나는가? 선교사가 새 신자들에게 가르치기 위해 준비하는 시간과 가르치는 시간이 얼마나 되는가? 새 신자들이 얼마나 전도하는가? 새 신자들이 얼마나 교회를 섬기는가? 출석 교인, 세례 교인이 몇 명인가? 현지인 지도자가 몇 명인가?

물론, 선교지마다 언어와 문화와 상황이 다르기 때문에 하나의 잣대로 평가할 수는 없다. 같은 지역에서도 하나의 잣대로 단순 비교하는 것도 무리가 있다. 선교사 스스로 위의 질문들을 하면서 목표를 세우는 것이 더 바람직하다. 각자 자신의 선교 상황을 고려하여 위의 질문들을 기초로 교회 개척 사역 평가 기준을 세울 수 있다.

위의 질문들을 통해 선교사 스스로 사역의 구체적인 목표를 제시할 수 있다. 실현 가능한 목표들을 정해서 이것들을 성취하려고 노력한다면, 이와 관련되어 파생된 여러 일이 발생할 수 있다. 이것은 교회 개척 사역의 본질에 집중할 수 있도록 도울 수 있다. 뿐만 아니라, 이러한 사역의 노력을 통해 가시적인 성과도 거둘 수 있다. 이것은 선교지 예배당 건축 지원의 대안으로 충분히 고려될 만하다.

4. 예배당 건축 지원에 대한 선교적 함의들

앞 장들에서 살펴본 것처럼, 한국 교회와 선교사들이 선교지 예배당 건축을 지원하는 것의 선교적 함의를 다음 네 가지로 정리했다.

첫째, 한국 선교사는 자문화에 대한 깊이 있는 이해가 필요하다. 둘째, 한국 선교사는 교회론과 교회 개척 이론에 대한 깊이 있는 연구가 필요하다. 셋째, 한국 선교사는 겸손과 양보를 바탕으로 협력 강화가 필요하다. 넷째, 한국 선교사는 구체적으로 수립된 원칙과 전략을 일관되게 실천하는 것이 필요하다.

자문화에 대한 깊이 있는 이해가 필요

한국 선교사들은 자신에 대한 깊이 있는 이해가 필요하다. 개인적 차원에서 자기 이해도 필요하겠지만, 여기서는 한국 선교사들의 문화적 자기 이해를 말한다. 한국 선교사들은 한국 문화의 구성원이다. 따라서 한국 문화를 유지하고 변화시키는 역할을 할 뿐 아니라, 한국 문화의 영향을 받는다. 한편, 문화는 공기와 같아서 호흡하는 것을 거의 의식하지 않고 살아가는 것처럼, 우리는 문화적 사고와 행동을 하는지 거의 인지하지 못한 채 생활하고 사역한다.

한국 선교사들이 타문화권으로 이주하여 그곳의 문화를 배우고 언어를 구사하더라도, 자신들의 생각보다 훨씬 더 한국적 정서와 사고와 행동을 한다. 그리고 이것을 자연스럽게 생각하고 정상적이라고 생각한다. 그 이유는 자신에게 오랜 세월 동안 익숙한 문화의 관점에서 이것들이 당연하게 보이기 때문이다.

특별히 타문화권 사역을 위한 적절한 훈련을 충분히 받지 않았을 경우에 더욱 그러할 수 있다. 앞에서 보았듯이, 안희열과 조용중에 따르면 2005년에서 2010년 사이에 한국에서 파송 받은 선교사들 가운데 약 40퍼센트가 선교 훈련을 받지 않았고, 4개월 이상 훈련 받은 이는 20퍼센트가 채 되지 않는다. 이렇게 훈련을 받지 않았거나 충분히 훈련 받지 않은 선교사들은 선교지와 한국 사이의 차이를 크게 발견하지 못할 뿐 아니라 자기 자신의 문화에 대해 명확한 이해를 하지 못하기 쉽다. 뿐만 아니라, 2010년 전후로 급증하고 있는 장년 선교사들은 한국에서 50년 이상 한국 사회 속에서 자신의 역할을 감당했었기 때문에, 선교 훈련을 받지 않았을 경우, 자신이 속한 한국 문화에 대한 이해와 자신의 한국 문화적 사고와 행동을 인지하지 못할 수 있다.

만약 자신의 한국 문화적 특성을 신학과 구별하지 못해 자신의 사고와 행동을 성경적 혹은 복음적이라고 확신할 경우, 그 문제는 더 심각하다. 기도는 성도의 신앙에서 언제나 강조되어야 할 덕목이고 새벽 시간의 장점이 많이 있다고 하더라도, 새벽 기도는 문화적 성격이 짙다. 마찬가지로 한국에서 교회를 개척하듯이 예배당을 강조한다면, 교회를 설립하는 성경적 가치보다 예배당 건축이라는 문화적 가치를 더 강조하는 것이 될 것이다.

교회론과 교회 개척 이론에 대한 깊이 있는 연구가 필요

이제라도 성경이 가르치는 교회에 대해 그리고 교회 개척 이론들에 대해 깊이 있는 연구가 필요하다. 무엇보다도 교회가 무엇인지에 대해 성경적 관점으로 연구하는 것이 필요하다. 예배당 건축에 대해 성경적 접근이 무엇인지를 탐구할 필요가 있다. 또한, 교회에 대한 성경적 정의를 수정하거나 첨삭할 것이 있다면, 그것의 토대가 무엇이고 과연 그렇게 하는 것이 성경적인지에 대한 고민도 있어야 한다. "교회 개척의 기술과 실제적인 방법도 중요하지만 교회 개척에 대한 올바른 신학적인 성찰이 없는 한 교회 개척은 여전히 문제를 갖게 될 것"[1]이라고 지적한 박창현의 지적을 깊이 고려할 필요가 있다.

또한, 다양한 교회 개척 이론이 존재한다. 한국 선교사들은 네비우스 정책에 대해 어느 정도 이해하고 있다. 한편, 앞에서 언급되었던 여러 현대 교회 개척 이론들의 장점과 단점 그리고 현장에서의 적용 가능성에 대해 다각도로 진지하게 검토하는 것이 필요하다. 이 이론들은 좋은 이론이지만, 특정 현장에 알맞지 않다고 일축하는 것은 지양해야 할 뿐 아니라, 특정 현장에서 어느 부분이 왜 적절하지 않은지를 명확히 파악하고 대안이 있어야 할 것이다. 이 연구에서 살펴본 사례들에 따르면, 예배당 건축이 정말로 해당 교회의 자립과 자치에 결정적으로 도움이 되었다고 볼 수 있는 경우는 거의 없었다. 전도하는 교회 혹은 선교하는 교회가 된 경우는 더욱 찾을 수 없었다.

오히려 다양한 교회 개척 이론들에 대한 이해가 충분하지 않은 상태에서 현장 상황에 함몰되어 선택한 방법이 한국식 방법인 교회 개척이 아닌가 하는 의문이 든다. 지난 7년 동안 적잖이 변화했지만, 일반적으로 한국 교회 개척 현장에서 교회 개척 준비는 예배당 준비와 크게 다르지 않다. 우리나라에서 교회 개척은 교단이 책임을 지고 새로운 교회들을 개척하지 않고, 목회자들이 모든 불편과 어려움과 위험을 떠안는 것이 일반적이다. 개척 교회 목회자 가정의 생활고와 허름한 예배당과 관련된 부정적인 에피소드들이 한국 교회 목회자들에게 널리 알려져 있다. 이러한 한국 문화적 이해를 바탕으로 타문화권 교회 개척을 하는 것은 바람직하지 않다. 이것은 선교지 목회자와 성도들의 마음을 이해하는 데 도움을 줄 수 있으나, 예배당 건축 지원으로 이어지는 것은 바람직하지 않다.

겸손과 양보를 바탕으로 협력 강화가 필요

선교사들이 하나의 지역 교회를 건강히 세우기 위해 수고하지만, 선교지 모든 교회의 건강에 관심을 가지고 추구해야 한다. 선교사는 타문화권에 하나님의 나라를 확장하기 위해 파송 받아 간 것이고 이것의 구체적인 모습이 지역 교회를 섬기는 것이다. 만약 한 지역 교회를 섬기는 것이 그 교회가 속한 나라 혹은 지역의 교회들에게 해가 되는 것이라면 재고할 필요가 있다. 한국 선교사들이 교회의 공교회성을 존중하고 추구한다면 선교지 교회에 큰 기여가 될 것이다.

그리고 이것을 위해 한국 선교사들은 같은 국가 혹은 지역 내의 선교사들과 협력을 강화하기 위한 구체적인 노력을 기울여야 한다. 흔히 한국 선교사들은 국가별로 한인 선교사회를 조직해서 소속되어 있다. 인도처럼 지역이 큰 나라의 경우에는 지역을 세분해서 선교사회를 조직해서 운영한다. 이 조직 안에 사역 형태별로 소위원회 혹은 분과를 설치해서 정보 교류 및 교육 혹은 교제를 나눈다. 하지만, 일반적으로 한인 선교사회는 주로 친교의 목적을 두고 모이며, 정보 교환 정도의 협력을 한다. 한국 선교사들에게 팀 사역은 일반적이지 않은 사역 형태이며 선교사가 개인적으로 사역하는 것이 일반적이다.

한정된 자원을 획득하기 위해 경쟁해야 했던 현대 한국 사회에서 우리는 협동의 농경 문화를 떠나 경쟁의 도시 산업 문화를 가지게 되었다. 이것은 교회 안으로도 깊숙이 들어와 한 지역 안에 여러 개신 교회가 존재하는 것은 물론 같은 교단의 교회도 여러 곳 있고 같은 건물 안에 두 세 교회를 발견해도 전혀 이상하지 않다. 또한, 1950년대 후반부터 시작된 교단 분열은 한국 교회가 더욱 경쟁적으로 변하도록 부추겼다.

한국 교회의 경쟁 문화는 고스란히 선교지에 이식되었다. 한국 선교사들 중에 경쟁심을 느끼는 사람들은 가시적이고 단기적인 결과물이 도출될 수 있는 일을 하게 되고, 그중 대표적인 것이 예배당 건축 지원이다. 이제라도 경쟁적으로 예배당 건축 지원을 하고 그 결과 몇 개 교회 예배당을 세웠다고 보고하는 선교 방식을 재고해야 한다. 선교지에서 적지 않은 선교사가 예배당 건축 지원을 한다면, 다른 교회 관련 사역을 하는 선교사들도 예배당 건축의 심리적 부담을 느끼지 않을 수 없다. 예배당 건축을 하지 않는 것이 무능력한 것으로 보여진다면 더 심각한 문제이다. 한국 선교사들이 동료 한국 선교사들과 겸손과 양보를 바탕으로 협력을 추구한다면 선교지 예배당 건축 지원의 문제를 해결하는 데 큰 도움을 얻을 수 있다.

원칙과 전략을 일관되게 실천하는 것이 필요

한국 선교사는 교회 개척 원칙과 전략을 구체적으로 수립할 필요가 있다. 한국에서 교회 개척 이론들을 연구하고, 선교지에서 현지어를 배우면서 선배 선교사들과 현지 교회 지도자들에게 현지 교회에 대해 배우며 준비해야 한다. 그리고 교회 개척을 하기 전에 사역과 관련된 여러 사항들을 꼼꼼히 점검하고 구체적으로 계획을 세우는 것이 필요하다.

한국 선교사는 교회 개척 원칙과 전략을 일관되게 실천하는 것이 필요하다. 한국 선교사들은 톰 스테픈의 통찰력에 귀 기울일 필요가 있다. 그는 선교 사역을 어떻게 시작할지가 아닌 어떻게 마칠지에 관심을 두어야 한다고 제안했다.[2] 선교사가 자신의 사역을 어떻게 마칠지에 대한 구체적인 목표를 설정하고 이것을 성취하기 위해 구체적이고 단계적인 계획들을 세운다면 선교 사역을 일관되게 실천할 수 있을 것이다.

5. 대안으로서의 가정 교회

초대 교회는 약 300년 가까운 세월 동안 가정 교회의 특징을 가지고 있었다. 제2장에서 언급했던 대로 3세기 초반까지는 예배당을 건축하거나 소유하는 것이 불법이었다. 그 뒤로 기독교는 로마 제국에서 영향력을 더욱 넓히기 시작했고, 380년에는 로마 제국의 국가 종교가 되었다. 이후로는 이단과 우상 숭배들을 막는다는 이유로 가정 교회가 불법화되었다. 그럼에도 불구하고 교회 역사 속에서 가정 교회는 현재까지 지구촌 여러 곳에 존재해 왔다.

특별히 종교 개혁가들 중에 예배당이 아닌 가정 중심의 교회로서 그 중요성을 이해한 이들이 있었다. 마르틴 루터는 예배당에서의 공적 예배 외에 제3의 예배를 가정에서 모여서 드리기를 제안했었다. 이 예배에서 예배는 물론 세례와 성찬식도 할 수 있었다.[3] 루터의 제자였으나 교회론에 대한 입장 차이로 핍박을 받았던 카스퍼 본 스웬크펠트도 기도와 성경 공부에 초점을 맞춘 가정 예배들을 조직하고 다녔다.[4] 같은 시기에 후안 드 발데스도 스페인과 이태리에서 가정 성경 공부 모임들을 조직하고 인도했다.

> 발데스는 종교계와 사교계의 유명 인사들의 관심을 얻었지만, 그의 생각들은 바울의 서신서에 대해 토론하는 구두 수선공의 대화를 엿들을 수 있을 정도로 사람들의 일상생활에 스며들었다. 약 삼 천 명이 이 이태리 운동에 연관되었다.[5]

츠빙글리의 추종자들 중에 나중에 재세례파로 이름 지어진 일부 사람들이 가정집에서 모여 성경 공부를 하고 성찬식을 하며 예배를 드렸다.[6]

현대에 종교 탄압이 심한 지역에서 가정 교회는 왕성한 성장을 보였다. 이 지역들에서 많은 예배당이 폐쇄되거나 용도 변경이 되거나 파괴되었다. 중국이 공산화되고 선교사들이 추방되었을 때, 서구 교회는 중국에서 교회가 사라지거나 그렇지 않다면 많이 위축될 것이라고 전망했다. 하지만, 중국이 다시 개방되었을 때, 교회는 위축되지 않고 오히려 성장했음을 전 세계가 보았다. 이 시기에 중국에서 예배당은 통제되었지만, 가정 교회는 오히려 많은 성장을 했다.

인도는 성 도마의 선교부터 약 2000년의 기독교 역사를 가지고 있다. 그럼에도 불구하고, 인도에 기독교인은 여전히 많지 않다. 최근에 예배당 중심이 아닌 가정 교회 중심으로 전도해서 짧은 기간 내에 좋은 열매를 얻은 사례들이 있다. 빅터 초우드리는 1995년에 가정 교회 운동을 시작했는데, 2004년 현재 3,500 가정 교회에 칠 만 명의 성도가 출석하고 있다.[7]

현대 한국 교회의 교회 개척은 예배당 중심적이지만, 처음부터 그랬던 것은 아니다. 초기 한국 교회는 가정에서 시작되었다. 가정에서의 예배 모임이 커져 가며 예배 장소가 비좁게 됨에 따라 자연스럽게 예배당이 마련하게 되었다.

> 한 가정이 예수를 믿게 되었을 경우에는 당연히 자기 집에서 예배를 드렸고, 여러 가정 곧 집안이 예수를 믿게 되었을 경우에는 그들 중에서 가장 큰 거실을 가진 사람이 예배 공간을 제공하였다. 이런 가정 중심의 예배는 예배 인원이 늘어나 더 큰 예배 처소가 필요해질 때까지 지속되었다.[8]

가정에서 더 이상 모이기 힘들어서 예배당이 필요할 경우에 이런 교회들은 흔히 자신들의 형편에 맞추어 예배당을 마련했고 선교사의 도움을 받지 않았다.

> 근처의 초가집을 구입하여 여러 방을 헐어서 하나의 큰 방을 만들어 나중에는 교회 건물이 건축될 수가 있다. 이때 단계마다 교인들은 자력으로 필요한 시설물을 건조할 수 있으므로 보조금은 필요하지 않다.[9]

아시아에서 기독교는 여전히 소수 종교이다. 한국과 필리핀 그리고 인도의 일부 지역을 제외하고는 교회와 기독교인은 사회 속에서 약자이다. 이런 지역에서는 예배당은 불필요한 관심과 우려를 불러일으킨다. 아직 성도 수가 적고 믿음이 어린 성도들로 이루어진 교회들의 영적인 필요를 우선적으로 채우는 것이 더 필요하지 않을까? 예배당을 언제 그리고 어떻게 지을지는 현지인들에게 맡기고 이들의 믿음을 세워 나가는 것을 우선 고려해야 하지 않겠는가?

6. 나가는 말

앞의 장들에서 살펴본 사례들에 따르면, 선교지 교회들이 예배당을 건축할 때 매우 과도하게 한국 교회와 선교사들에게 재정적으로 의존하고 있다. 물론 네팔, 스리랑카, 캄보디아, 필리핀의 경우를 지나치게 일반화해서 전 세계적인 현상이라고 속단하는 것은 경계해야 한다. 한편, 아시아, 아프리카, 남미 등 세계의 다수 지역 중에 가난한 국가들에서 한국 선교사의 예배당 건축 지원을 발견한다고 해도 놀랄 일은 아닐 것이다.

한국 교회가 다른 나라 혹은 다른 문화의 교회들을 위해 예배당 건축 지원을 할 수 있는 경우도 있을 것이다. 화재나 자연 재해로 인해 예배당을 갑작스럽게 잃은 교회를 위해 예배당 건축 지원을 고려할 수 있다. 일반적인 교회가 아닌 군부대 교회 혹은 교도소 교회 등 특수한 교회를 위해 예배당 건축을 지원할 수 있다. 스테픈의 말처럼, 대부분의 다수 세계가 속한 공동체 문화 속에 있는 교회일 경우, 선교사가 예배당 건축에 아무런 기여도 하지 않는 것은 비교육적이며 좋은 모범이 아니다.

따라서, 선교사는 현지 교회 성도들 가운데 넉넉한 성도가 할 수 있을 정도로 참여할 수 있다면 바람직하다. 한 걸음 더 나아가, 선교사를 후원하는 한국 교회가 선교지 교회의 예배당 건축에 참여할 수도 있다. 이럴 경우, 선교지 교회 성도들이 헌금하는 것을 장려하거나 이것을 담보할 수 있을 때에만 그래야 할 것이다. 또한, 선교사나 한국 교회는 최대한 예배당 건축 비용의 삼분지 일이나 사분지 일 이하 수준으로만 선교지 교회를 도와야 할 것이다. 즉, 한국 선교사의 도움은 클수록 좋지만, 이 규모는 반드시 한국 선교사의 도움 없이도 현지 교인들이 예배당을 건축할 수 있을 정도의 작은 규모가 되어야 적절하다. 특별히, 전도, 제자 훈련, 교회 개척 없이 몇 번의 방문을 통해 현지 교회를 조사한 뒤에 예배당을 지원하는 물량 선교는 이제부터라도 지양해야 한다.

1990년대 이후 한국 교회의 선교지 예배당 건축 지원은 한국 선교사의 문화적 반응이지 다수 개인들의 일탈 행위들의 총합이 아니다. 다시 말해, 선교지 예배당 건축 지원의 부정적인 측면이 있다면, 그것에 대한 책임은 특정 교회 혹은 특정 선교사 개인에게 있는 것이 아니라, 우리 한국 교회의 문화인 것이다.

한국 선교사가 선교지 예배당 건축 지원을 지원하는 것은 한국 문화에 바탕을 둔 것이다. 그 특징들은 다음과 같다.

한국 선교사는 한국 사회의 압축 성장과 가시적 성공을 경험했다. 한국 선교사들은 무비판적으로 자신의 지식과 경험을 선교지에 적용했다. 서구 선교처럼, 한국 선교도 자문화 우월주의적이다. 한국 사회와 교회 내의 경쟁 문화가 선교 사역에도 영향을 주었다. 한국 문화의 이원론적 사고가 예배당 건축 지원에서도 보인다. 타문화권 교회 개척에 대한 원칙과 전략이 부재하다.

한국 선교의 선교지 예배당 건축 지원에 대한 현상과 문화적 분석을 기초로 다음 네 가지 선교적 함의를 제안했다.

첫째, 한국 선교사는 자문화에 대한 깊이 있는 이해가 필요하다. 둘째, 한국 선교사는 교회론과 교회 개척 이론에 대한 깊이 있는 연구가 필요하다. 셋째, 한국 선교사는 겸손과 양보를 바탕으로 협력 강화가 필요하다. 넷째, 한국 선교사는 구체적으로 수립된 원칙과 전략을 일관되게 실천하는 것이 필요하다.

주 ────────────────

1) 박창현, "한국 교회 개척 방식의 문제점과 그 대안", 286.
2) 톰 스테픈, 『타문화권 교회 개척』.
3) Rad Zdero, *The Global House Church Movement* (Pasadena: William Carey Library, 2004), 64.
   참고로, 루터는 후에 생각을 바꾸어 가정에서 예배드리는 성도들을 핍박했다.
4) Rad Zdero, *The Global House Church Movement*, 64-65.
5) Rad Zdero, *The Global House Church Movement*, 65.
6) Rad Zdero, *The Global House Church Movement*, 66.
7) Rad Zdero, *The Global House Church Movement*, 71.
8) 최동규, 『초기 한국 교회와 교회 개척』(서울: 한국기독교문서선교회, 2015), 83-84.
9) 곽안련, 『한국 교회와 네비우스 선교 정책』박용규, 김춘섭 역 (서울: 대한기독교서회, 1994), 151.

참고 문헌

강승삼. "한국장로교회 해외 선교의 역사적, 선교 정책적 분석 연구(1965-1990) I". 「신학지남」73(1)(2006): 116-138.

곽안련. 『한국 교회와 네비우스 선교 정책』. 박용규·김춘섭 역. 서울: 대한기독교 서회, 1994.

고윤석. "캄보디아에서의 효과적인 교회 개척 모델 연구: 교육과 청소년을 통한". 석사논문, 총신대학교 신학대학원, 2007.

권오훈. "존 웨슬리의 교회 이해". 『선교 신학』제53집 (2019): 33-55.

김경원. "말레이시아 선교 전략 연구: 종족별 교회 개척 및 단계별 선교 사역을 중심으로". 총신대학교 선교대학원 석사학위 논문 2012년.

김용대. "북인도 교회개척과 지역사회 개발 사역." 침례신학대학교 세계선교 훈련 원 편. 『선교지 교회 개척 이야기』. 대전: 그리심어소시에이츠, 2010.

김봉춘. 『한국 기독교의 몽골 선교』. 서울: 도서출판 케노시스, 2016.

김주덕. "한국 교회의 교회 개척 형태의 변화에 관한 연구". 「선교신학」17(2008): 37-54.

김춘자. "선교지 개척교회 자립에 관한 연구". 선교학석사학위논문, 장로회신학대 학교 세계선교대학원, 2014.

김한성. "한국 교회의 타문화권 선교 역사의 시기 구분에 관한 연구". 『성경과 신학』60(2011): 109-31.

김한성. 『한국 교회와 네팔 선교』. 양평: 아세아연합신학대학교 출판부, 2017.

_____. "선교지 예배당 건축에 대한 선교인류학적 이해". 「ACTS 신학저널」 34 (2017): 327-383.

데이비드 게리슨. 『하나님의 교회 개척 배가 운동』. 이명준 역. 서울: 요단출판사, 2005.

동현. "타문화권에서의 지속성장 가능한 교회 개척 방안 연구: 인도를 중심으로". 박사학위논문. 장로회신학대학교 목회전문대학원. 2018.

마이클 H. 로마노스키, 테리 맥카시. 『타문화권 교육 선교』. 김덕영, 김한성 역. 서울: 기독교문서선교회, 2019.

목회와신학 편집부 편. 『교회론』. 서울: 두란노 아카데미, 2012.

민경배. 『글로벌 시대와 한국, 한국 교회』. 서울: 대한기독교서회, 2011.

밀라드 J. 에릭슨. 『교회론』. 이은수 역. 서울: 기독교문서선교회, 1999.

박기호. 『타문화권 교회 개척』. 서울: 개혁주의신행협회, 2005.

박창현. "한국 교회 개척 방식의 문제점과 그 대안". 「선교신학」 7(2003): 270-299.

변창욱. "중국 교회 자립과 효율적인 선교비 사용: 중국의 개신교 선교사대회 (1877, 1890, 1907)를 중심으로". 「선교와 신학」 31(2013): 205-247.

_____. "한국 교회의 자립 선교 전통과 비자립적 선교 행태: 자립적 선교 패러다임으로 변화를 모색하며". 「선교와 신학」 27(2012): 240-275.

_____. 『한국 교회 선교 운동사』. 서울: 장로회신학대학교 출판부, 2018.

_____. "중국 도시 가정 교회의 개척과 전망". 「복음과 선교」 23(2013): 123-153.

볼프캉 짐존. 『가정 교회』. 황진기 역. 서울: 국제제자훈련원, 2004.

안성원. "교회 개척 사역". 『인도네시아 선교 40주년 기념집』. 인니한인선교사 협의회, 2011.

안희열. "캄보디아의 교회 개척 운동(CPM)에 관한 평가와 전략적 제안". 『복음과 선교』 6권 (2004): 214-238.

_____. "WMTC 가정 교회 이야기." 침례신학대학교 세계선교훈련원 편. 『선교지 교회 개척 이야기』. 대전: 그리심어소시에이츠, 2010.

_____. "한국 교회의 타문화권 선교에 대한 평가와 제안". 「선교와 신학」 31(2013):

249-284.

오영철. "스스로 짓는 교회, 도움 받고 지은 교회". 「ACTS NEWS」 Vol. 52 (2018 December): 10-11.

원중권. "아르헨티나 선교에 있어서 한인 디아스포라 교회의 역할 연구". 장로회 신학대학교 세계선교대학원, 2005년 (석사학위 논문).

윤애근. 『교회 건축과 목회적 갈등』. 대구: 계대학원사, 2017.

에드먼드 클라우니. 『교회』. 황영철 역. 서울: IVP, 1998.

이성상. "교회 개척을 통한 스리랑카 복음화 전략". 선교학석사학위논문, 아세아 연합신학연구원, 2000.

이대학. "성남용의 발제에 대한 논찬". 「아시아신학교육저널」 2(2013): 78-81.

이중재. "타문화권 교회 개척 설립 연구". 선교학석사논문, 총신대학교 선교대학 원, 2005.

이현모. "CPM 선교 전략의 이해와 비평 그리고 한국 선교에의 적용". 『복음과 실천』 33(1) (2004): 159-179.

인니한인선교사협의회. 『인도네시아선교 40주년 기념집』. 자카르타: 주 인도네시 아 한인선교사협의회, 2011.

장완익. "캄보디아 개신교 90년사에 나타난 교회 자립과 지도력 이양". 「한국 교회 사학회지」 37(2014): 133-173.

장창일. "재정 어렵다고 … 기감, 이단에 교회 건물 팔았다". 「국민일보」 (2018년 1월 9일). 2019년 1월 3일 접근.
http://news.kmib.co.kr/article/view.asp?arcid=0012037761

전재옥. "맥가브란의 교회 성장 원리에 비추어 본 한국 교회 성장 이해". 『한국문 화연구원 논총』 제 41 권 (1982): 63-98.

정형성. "네팔 선교에 있어서 교회 설립에 대한 연구". 선교학박사학위논문, 바인 대학교, 2016.

조용중. "한국 선교 현재의 진단과 전망". 「KMQ」 42(2012 여름).

주캄한인선교사회 선교역사연구분과. 『캄보디아 선교 역사』. 서울: 도서출판 첨 탑, 2013.

크레이그 밴 겔더. 『교회의 본질』. 최동규 역. 서울: 기독교문서선교회, 2015.

톰 스테픈. 『타문화권 교회 개척』. 김한성 역. 서울: 토기장이 출판사, 2010.

한국조직신학회 편. 『교회론』. 서울: 대한기독교서회, 2009.

헤르만 바빙크. 『개혁 교의학 4』. 박태현 역. 서울: 부흥과개혁사, 2011.

곽아인. "동전 모아 네팔에 교회 건축". 「기독교 타임즈」(2010년 5월 14일). 2017년
11월 4일 접근.

　http://www.kmctimes.com/news/articleView.html?idxno=30977.

김규진. "세계 100개 교회 세웠지만 … 죽는 날까지 100개 더". 「기독일보」(2016년
12월 20일). 2017년 11월 4일 접근.

　http://www.christiandaily.co.kr/news/%EC%84%B8%EA%B3%84-100%
EA%B0%9C-%EA%B5%90%ED%9A%8C-%EC%84%B8%EC%9A%B4-
%EC%B1%84%EC%9D%98%EC%88%AD-%EC%9E%A5%EB%A1%9C-
%EC%A3%BD%EB%8A%94-%EB%82%A0%EA%B9%8C%EC%A7%80-%EB%-
8D%94-%EC%84%B8%EC%9A%B8-73122.html.

김동우. "'100세까지 200곳 교회 짓겠어요' 채의숭 장로의 꿈". 「국민일보」(2019년
2월 9일). 2019년 2월 14일 접근.

　http://news.kmib.co.kr/article/view.asp?arcid=0013053602&code=61221111
&cp=nv

문혜성. "구성교회, 4년 새 17개 해외교회 건축". 「한국성결신문」(2015년 10월
15일). 2019년 2월 15일 접근.

　http://www.kehcnews.co.kr/news/articleView.html?idxno=24359

_____. "늙은 농촌 교회라고요? 선교하는 젊은 교회입니다". 「한국성결신문」(2017
년 6월 28일). 2017년 11월 4일 접근.

　http://www.kehcnews.co.kr/news/articleView.html?idxno=29580.

빛세계선교회. 「교회가 건축된 곳」(2017). 2017년 11월 4일 접근.

　http://www.lwmkorea.org/board/list.do?iboardgroupseq=2&iboardmanager
seq=10&currentpagenum=1

신동명. "100교회 건축의 '특별한 꿈'". 「기독교 타임즈」(2007년 6월 26일). 2017년
11월 4일 접근.

　http://www.kmctimes.com/news/articleView.html?idxno=24219

신상목. "맨땅서 예배하는 인도 천민 위해 500개 교회 세웠다". 「국민일보」(2016년 3월 20일). 2017년 11월 4일 접근.
http://news.kmib.co.kr/article/view.asp?arcid=0923467250

신태진. "한나라교회 새 성전 봉헌, '하나님 앞에 기쁨 될 것'". 「크리스천투데이」(2013년 6월 24일). 2017년 11월 4일 접근.
http://www.christiantoday.co.kr/news/264760

이수진. "동산교회, 인도 향한 각별한 사랑 십일조 선교로 활짝". 「한국기독공보」(2016년 4월 18일). 2017년 11월 4일 접근.
http://www.pckworld.com/news/articleView.html?idxno=70838

전병선. "칠순 잔치 비용으로 … 군산중동교회 10년 17곳 해외교회 건축". 「국민일보」(2017년 4월 6일). 2019년 2월 15일 접근.
http://news.kmib.co.kr/article/view.asp?arcid=0011381810

정택은. "해외에 100개 교회 반드시 건축". 「기독교 타임즈」(2015년 1월 14일). 2017년 11월 4일 접근.
http://www.kmctimes.com/news/articleView.html?idxno=39418

Hesselgrave, David J. *Planting Churches Cross-Culturally: A Guide for Home and Foreign Missions*. Grand Rapids, MI: Baker Book House, 1980.

Hunt, Jr Everett N. "The Legacy of John Livingston Nevius", *International Bulletin of Missionary Research* (July, 1991), 122.

KWMA. 「2017년 12월 한국 선교사 파송 현황」(2018년 1월 9일). 2018년 7월 26일 접근.
https://kwma.org/cm_notice/20861

Moon, Steve Sang-cheol. *The Korean Missionary Movement: Dynamics and Trends, 1988-2013*. Pasadena: William Carey Library, 2016.

Ott, Craig & Gene Wilson. *Global Church Planting: Biblical Principles and Best Practices for Multiplication*. Grand Rapids, MI; Baker Academic, 2011.

Stock, Frederick and Margaret Stock, *People Movements in the Punjab*.

Bombay: Gospel Literature Service, 1975.

Zdero, Rad. *The Global House Church Movement*. Pasadena: William Carey Library, 2004.